JN419485

살다

with love

살다

지은이 | 장춘옥

발행일 | 2025년 02월 20일
발행인 | 장춘옥
발행처 | 새맘 출판사

주소 | 경기도 광주시 초월읍 대쌍령길 61-6
전화 | 010.7318.9125
이메일 | tiptap2k@hanmail.net

기획편집 | 새맘 출판사
디자인 | 블라썸 디자인
인쇄 | ㈜보성인쇄기획

• 이 책은 저작권법에 따라 보호를 받는 저작물이므로
  무단 전재와 무단 복제를 금지하며,
  이 책 내용의 전부 또는 일부를 이용하려면 반드시
  저작권자와 도서출판 새맘 출판사의 서면 동의를 받아야 합니다.
• 책값은 뒤표지에 있습니다. 잘못된 책은 바꾸어드립니다.

ISBN 979-11-985464-3-2 (02230)

살다

장춘옥 지음

새맘 출판사

서문

    우리의 삶은 정확하게는 아니지만 대략 두 갈래의 양상으로 나타나는 것 같다.

    첫째는 따뜻하고 훈훈한 그것이고 두 번째는 힘들고 아프고 병든 그것이다.

    내가 어떠한 부류에 속해있는지는 누구나 스스로 알 수 있을 것이다.

    우리 몸속에는 각 종류의 호르몬이 분비되는데 첫 번째 부류의 삶을 영위하는 사람들에게 분비되는 호르몬은 감동호르몬이라고 이름 붙여진 다이돌핀이라는 호르몬이다.

    이 호르몬은 몸의 기능을 향상시키고 더 나아가 모든 면역체계를 정상으로 돌려놓는 기능을 한다. 다이돌핀은 깊은 감동을 느끼거나 놀라운 깨달음을 경험할 때 분비되어지는데 그리하여 감동호르몬이라는 별명이 붙었다.

고통과 모든 안 좋은 감정들을 아주 좋은 상태로 바꾸어 준다는 기적의 이 호르몬은 신이 인간에게 주신 가장 큰 선물이 아닐까 한다.

반면 코르티솔이라는 호르몬이 있는데 이것은 아까 말한 두 번째 부류의 사람들에게 많이 분비되는 호르몬으로, 이 호르몬이 과다 분비되게 되면 몸의 기능이 저하되고 심지어 당뇨병에 걸리는 등 건강에 최악의 상황이 발생되기도 한다.

코르티솔은 이름하여 스트레스호르몬이라는 별명이 있다. 우리가 살면서 온갖 안 좋은 상황을 맞닥뜨릴 때 우리 몸에는 스트레스라는 것이 발생되는데 이러한 과정 속에 코르티솔이 개입한다.

기분이 안 좋거나 화가 날 때, 심한 정신적 고통이 찾아올 때, 우리 몸에서 이 호르몬을 유발시켜 더 이상의 스트레스를 받지 않도록 신호를 보내는 것이다.

"그러나 누구든지 그를 영접한 사람들에게는 하나님의 아들들이 되는 권세를 주셨으니, 즉 그의 이름을 믿는 사람들에게니라." (요한복음 1장 12절)

하나님의 자녀들이 누리는 특권은 아버지 되신 하나님께서 주시는 온갖 감동거리들이다.

하나님께서 자신이 보시기에 너무나도 보잘것없는 종과 같은 신분에 처한 자들을 불러 그들의 잘잘못을 다 용서해 주시고 새로운 이름으로 불러주시사 온전히 자신의 자녀로 삼으시는 그 놀라운 감동을 선사해 주실 때 우리는 새로운 사람으로 변모될 뿐 아니라 그 말로 할 수 없는 은혜와 사랑의 깊이를 느낄 때마다 마음 한구석에는 형용할 수 없는 감사와 감격이 솟구쳐 올라오는 것을 어쩔 수 없다.

"내가 너를 사랑한다."
"내가 너를 받아들인다."
"이 아름다운 세상을 네게 주노라."
"내가 반드시 너를 책임지겠다."

이러한 사랑의 표현들이 우리의 무너진 가슴을 일으켜 세우시는 그 은혜를 경험하면서 우리 안에 모든 죽음의 공포와 질병의 고통을 이기는 다이돌핀이라는 호르몬이 다량으로 분비되어 우리의 죽어가는 영혼이 소생되어 다시 일어나는 생명의 역사가 일어난다.

그렇다면 아직도 아버지의 그 사랑을 모르는 저 어리석은 자들의 마음 상태는 어떨까….

아직도 내가 무언가를 하지 않으면 안 된다는 착각 속에 사는 인생은 그들의 몸에 코르티솔이라는 견디기 힘든 스트레스 호르몬으로 범벅이 되어 질병과 심리 장애라는 고통을 안고 살아가게 된다.

여러분은 감동을 선택할 것인가 아니면 스트레스를 선택할 것인가.

여러분의 의지로 내가 아닌 아버지를 영접하는 쪽을 선택하시길 바란다.

그런 연후에 오는 새로운 신세계를 경험하는 현명한 여러분이 되시길 간절히 바라며 서문을 맺는다.

Contents
차례

* 본 지 안에 있는 성경구절은 한글 킹제임스 성경(말씀보존학회 간)을 인용하였음.

01

입고 살다 衣

여는 글

아이를 낳아 본 여자는 아이를 출산할 때 비로소 새로운 세상이 열린다는 것을 알게 된다.

자신의 분신과 같은 생명 덩어리를 안고 그 아이에게 눈을 맞출 때 드는 희열을 느껴보지 못한 여자는 그 기쁨과 흥분을 알 수 없어 참 안 되었다는 생각을 해 본다.

생명을 보는 것의 의미는 새로운 세상이 이제 열리게 된다는 뜻이며 지금까지 살아 왔던 방식과는 다른 삶을 살게 될 것이라는 그런 뜻이 아닐까 한다.

그렇게 품 안에 아이를 젖으로 먹여 키우며 드는 생각은 여자와 남자가 만나 서로 사랑하며 살 때 가졌던 감정과는 사뭇 다른 것이다.

내가 가진 좋은 면과 상대방의 좋은 면을 고루 가지고 있는 존재와 대면하기는 그리 나쁘지 않은 경험인 듯하다.

아이는 세상에 태어날 때 옷을 입고 태어나지 않는다. 그 어떤 것도 걸치지 않은 채로 이 세상에 나와 사람은 살아가면서 자신만의 옷을 입고 살아간다.

자신만의 색채를 띤 옷을 하나씩 둘씩 자신의 옷으로 소유하게 된다.

　이 옷은 그 누구도 아닌 자신만의 옷이며, 따라서 옷은 자신을 나타내주는 멋진 표현 방식이 된다.

　그런데 이러한 옷이 언제까지 자신의 옷일 수 있겠는가 우리는 한 번쯤 생각해 봐야 한다.

　이 옷의 의미는 과연 무엇이며 이 옷은 진정 나를 나타내주는 아름다운 방식일까….

　아담과 하와가 뱀의 유혹을 받고 그의 말에 따라 움직여 열리게 된 세상은 어땠을까?

　분명 인간은 아름답지 못한 모습을 가지고 일생을 살아가게 되는 것은 아니었을까?

　이 지면을 통해 우리가 입고 사는 옷은 과연 어떠한 의미이며 우리의 진정한 아름다운 모습은 무엇일까에 대해 성경을 통해 말씀으로 상고한 것을 나눠보려 한다.

　우리 모두 진짜 아름다운 나의 모습을 바라볼 수 있는 그날까지 우리의 묵상은 멈추지 않으리라.

1

옷의 의미

'나'라는 말의 뜻은 '자아'이다. 아담과 이브가 뱀에게 속아, 먹으면 죽게 되는 나무의 열매를 따먹게 되었을 때 인간은 하나님을 바라볼 수 없게 되었다.

왜냐하면 '나'라는 세계가 열렸기 때문이었다.

이것이 눈이 밝아졌다는 말씀의 의미이다.

아담은 자신의 육체가 보이기 시작하며 그 육체를 그냥 보고 있을 수가 없어 최선의 선택으로 무화과나무의 잎을 택하여 자신의 벗은 수치스러운 몸을 가린다.

심지어 하나님께서 자신을 부르시자 자신의 몸을 나무의 뒤로 숨기기까지 한다.

'나를 찾으시려고요…?' '왜 나를 그냥 두시지 않고 부끄럽게 대면하자고 하시나요…?'

이것이 인간이 죄를 범한 다음에 가진 최초의 생각이었다.

인간이 자신을 창조하신 존재로부터 분리 되어 자신의 세계 안으로 문을 닫아건 채 자신이 좋아하는 대로 살고, 자신을 빛내 줄 무언가를 추구하며 살아가는 존재로 바뀌지게 되었다는 그런 얘기이다.

거기에 나를 통치하려는 존재는 있으면 안 되고, 오직 나만의 세계를 펼쳐 나가며 내 눈에 보기 좋은 것을 찾아 이곳저곳을 떠돌기도 하고, 또 내가 가지고 싶은 것은 나의 노력을 기울여 차지하면 되는 거였다.

그리하여 다른 사람은 서로 협력해야할 대상이 아니고 오직 나만의 세계를 만드는 데에 필요한 일부분으로 전락하고 말았다.

오직 나만이 존재하고 나만이 즐겁고 나만 아름다우면 되는 그런 세상이 바로 인간이 추구하는 전부가 되어버린 것이다.

그리고 그 세상에 있어서는 안 되는 존재가 딱 하나 있었는데 그가 바로 하나님이셨다.

내가 좋아하는 것을 하지 못하게 하는 존재, 나를 어떻게든 자신의 말을 따르게 만들려고 드는 어려운 존재, 그가 바로 자신을 만들어준 하나님이라는 것이다.

그것이 인간이 추구하며 한 평생을 살아가는 방식이었고 그것이 바로 인간이 자신의 아름다움을 드러내기 위해 초라한 자신의 벗은 몸을 가리기 위해 입기 시작한 옷이었다.

2

나는 옷을 입었는가

인간이 생각하는 옷은 자신의 치부를 가리기 위한 목적을 가지고 몸에 걸쳐 입는 모든 천과 함께 자신의 보기에 조금은 부족해 보이는 부분을 감각적 포인트를 가미하여 부착할 수 있는 장신구도 포함된다.

다시 말해 자신의 아름다움을 최대한 살려줄 수 있는 모든 종류의 입을거리, 그것이 바로 옷의 의미이다.

신발도 그 중에 하나이고 모자도 그렇고 목걸이와 귀걸이, 팔찌와 시계, 선글라스, 허리띠와 반지, 머리핀을 비롯하여 자신의 몸에 새기는 타투와 문신 같은 것들도 포함된다.

정리해보자면 옷의 용도는 가리기 위한 것, 추위로부터 자신의 몸을 보호하는 것 외에 자신을 아름다운 최적의 상태로 업시켜 줄 수 있는 것까지라는 뜻이다.

그렇다면 성경은 옷에 대하여 어떻게 말하는가….

"주께서 자기 앞에 서 있는 자들에게 일러 말씀하시기를 "그에게서 더러운 옷들을 벗기라." 하시고, 그에게 말씀하시기를 "보라, 내가 네게서 네 죄악을 제하였으니, 내가 옷을 바꿔 너를 입히리라." 하시기에,"" (스가랴 3장 4절)

"그들의 짠 것은 옷이 될 수가 없나니 그들이 자기들의 일한 것으로 스스로를 가릴 수 없으리라. 그들이 일한 것은 죄악의 일이요 그들의 손 안에는 폭력의 행위가 있도다." (이사야 59장 6절)

인간은 자신의 죄 된 모습을 가리기 위해 종교를 선택하고 그것에 자신의 정성과 노력을 다 기울여 자신을 아름답게 만드는 일에 몰두하는데, 이것은 진정한 의미의 아름다운 옷이 아니다. 그냥 더러운 옷일 뿐이다.

그것을 인간의 행함으로 얻는 의로움이라고 성경은 강

조하여 말씀해주신다.

인간이 행하여 얻는 의로운 행위는 오직 죄악의 일일 뿐이다. (이사야 59장 6절)

"이는 너희가 죽었고 또 너희의 생명이 그리스도와 함께 하나님 안에 감추어졌기 때문이라." (골로새서 3장 3절)

하나님께서 먹는 날에는 죽으리라고 말씀하신 선과 악을 아는 지식의 나무를 먹고 인간은 그 즉시 죽었다. 그것이 인간의 상태를 말해준다. 하나님께서 인류에게 하시는 말씀의 요점은 바로 "너희는 죽었고"이다.

죽은 사람이 아무리 자신의 몸을 아름답게 장식하여 자신의 죽은 모습을 감추려해도 그 사람의 상태를 바꾸거나 다르게 보이게 할 수 있는 방법은 없다.

죽은 사람은 계속 죽은 상태 안에 머무르면서 죽은 사람이 할 수 있는 행위를 행하는 것밖에 다른 어떤 방법도 그에게는 존재하지 않는다.

그것이 인간이 옷을 입은 모습이다.

그러니까 내가 아무리 열심히 나의 추한 모습을 가리려

고 좋은 옷을 입고 멋진 장신구를 걸쳐보아도 죽은 나의 모습을 완벽하게 가려줄 수가 없으며 그렇기 때문에 우리가 생각하는 진정한 의미의 옷을 우리는 입을 수가 없는 것이다.

왜? 이미 옷을 입기 위해서 먼저 선행되어야 깨끗한 상태의 모습을 가지지 못한 채, 단지 더러운 죽은 몸에 덮어놓은 형국에 불과하기 때문이다.

나는 옷을 입은 것이 아니라 옷이 내게 걸쳐져 있을 뿐이다.

우리는 이러한 사실을 모른 채 우리들의 모습이 아름답다고 여기며 착각 가운데 날마다 의로운 행위로 자신의 죽은 몸을 가리고 살아가고 있는 중이다.

3

나의 눈은 보고 있는가

"너희가 그것을 먹는 날에는 너희의 눈이 열리고 너희가 신들과 같이 되어서, 선과 악을 알게 되는 줄을 하나님께서 아심이라." (창세기 3장 5절)

이것이 악마의 속삭임이다. 악마는 우리에게 다른 눈을 열어주려 한다.

그것의 이유는 인간이 하나님을 바라보지 못하고 자신을 섬기게 만드는 것이었다.

하나님을 바라보며 그분만 섬기게 만들어졌던 아담을 하나님이 아닌 다른 신, 아무 능력도 없고 근본도 없는 자기(自己, 나)라는 신을 섬기며 일생을 죽음에 두려워 떠는 그런 어처구니 없는 존재로 전락시켜 놓은 것이다.

과연 악마의 말대로 아담의 눈은 열리고 자신이 신이 되어 버렸고, 이제 아담은 자신의 몸을 바라보며 그것의 아름다움을 추구하며 살아가게 된다.

"여자가 보니 그 나무가 먹음직하고 보기에도 즐겁고 현명하게 할 만큼 탐스러운 나무인지라." (창세기 3장 6절)

여자는 악마의 말을 곧이곧대로 믿으며 하나님께서 먹지 말라고 명령하신 나무를 바라보았다. 그리고는 이상한 일이 일어난다. 그 나무가 먹음직하고 보기에도 즐겁고 현명하게 할 만큼 탐스럽다고 여겨지기 시작한 것이었다.

인간은 믿음대로 행동하고 사고하는 존재로 하나님께 지음받았다.

당연히 사탄의 말을 믿으니 사탄의 생각이 인간에게 전이되고 사탄의 주장이 진리로 받아들여졌다.

사탄이 인간을 속이는 이유는 단 하나이다.

인간을 속여 그들의 마음을 도둑질하고 더 나아가 그들

을 죽음이라는 형벌 속으로 끌고 들어가려는 것, 이것이 지금까지 계속 사탄이 하고 있는 일인 것이다.

사탄의 작업은 성공했다. 그리고 인간은 죄라는 무거운 짐을 지고 그 댓가로 에덴 동산에서 추방당해야 하는 엄청난 형벌을 받아야만 했고 하늘을 보는 눈이 가리워진 채 오직 자신만을 바라보는 근시안을 가지고 살아가는 신세로 전락하고 말았다.

'나는 지금 무엇을 보고 있는가?'라는 인생의 무거운 숙제를 풀어나가야 할 안타까운 운명에 직면한 인류….

그들 앞에 우리의 상태를 알려주신 분이 나타나신다. 그분은 바로 예수 그리스도이시다.

태어나면서 소경이었던 사람이 있었다. 예수님께서 지나가시다가 그를 보시고 땅에 침을 뱉어 진흙을 이겨 그 눈에 바르시고, 가서 실로암 물에서 씻으라고 명하셨다. 그런 후에 그가 가서 씻고 보게 되어 예수께로 돌아왔다.

그런데 전에 그가 소경이었던 것을 본 사람들이 그의 눈이 어떻게 떠졌는지에 대해 따져 묻자 그가 예수라는 사람이 진흙을 이겨 자신의 눈에 바르고 실로암 못에 가서 씻으라고 하기에 씻으니 보게 되었다고 말하였고 그들은 예수님을 찾았으나 찾지 못하였다.

그들은 전에 소경이었던 그 사람을 바리새인들에게 데려왔는데 바리새인들도 그 소경이었던 사람에게 어떻게 그가 보게 되었는지를 물었고 그는 자신이 눈을 뜨게 된 경위에 대하여 설명해 주었다.

그러자 바리새인들의 반응은 충격적이었다.

죄인인 사람이 어떻게 그러한 기적을 행할 수 있느냐? 면서 서로 분열하여 싸웠던 것이다.

그리고 다시 소경이었던 사람에게 묻는다.

그 사람이 어떻게 너의 눈을 뜨게 했느냐고….

그 소경은 예수님께서 자신의 눈을 뜨게 해주셨는데 그분이 어디서 왔는지 바리새인들인 당신들이 모르다니 이상한 일이라고 되받아친다. 그리고 덧붙여 말한다.

"이제 우리가 아는 것은 하나님께서는 죄인들을 듣지 않으시나, 누구든지 하나님을 경배하고 그분의 뜻을 행하면 하나님께서 그를 들으신다는 것이라. 세상이 시작된 이래 누군가가 소경으로 난 사람의 눈을 뜨게 하였다는 것을 들어보지 못하였으니 만일 이 사람이 하나님께로부터 오지 않았다면 그는 아무것도 할 수 없었으리라."

(요한복음 9장 31절~33절)

이 소경이 자신들을 가르친다고 생각한 바리새인들은 그를 쫓아내었고 예수님께서 유대인들이 그를 쫓아내었다는 말을 듣고 그를 만나셔서 물으신다.

"너는 하나님의 아들을 믿느냐?"

그러자 그가 대답한다.

"그가 누구시니이까? 주여, 내가 그를 믿고자하나이다."

예수님은 말씀하신다.

"네가 그를 보았거니와 너와 말하고 있는 이가 그니라."

그러자 그가 말씀드린다.

"주여, 내가 믿나이다." 하고 주께 경배하였다.

예수님을 바로 알고 보게 되면 어떠한 일이 벌어지는 줄 아는가?

그는 예수님을 믿고 그분께 경배하게 된다.

예수님의 말씀을 더 들어보자.

"내가 심판을 위하여 이 세상에 왔으니, 이는 보지 못하는 자들은 보게 하고 보는 자들은 소경되게 하려 함이라."

이 말을 들은 바리새인들이 주께 물었다.

"우리는 소경이란 말인가?"

"예수께서 그들에게 말씀하시기를 "만일 너희가 소경이라면 죄가 없었을 것이나 이제 너희가 말하기를 '우리는 본다.'고 하므로 너희 죄가 남아 있느니라."

예수님은 죄가 없다고 믿고 있던 바리새인들에게 너희는 죄가 있다고 지적하시며 너희의 죄를 보라고 말씀하신다.

소경은 자신의 벗은 모습을 알 수가 없다. 그래서 예수님께서 그의 눈을 뜨게 하사 자신의 수치스러운 벗은 몸을 보면서 자신이 어두움 가운데 살아왔지만 이제는 빛이 되신 예수님으로 옷을 입고 광명한 곳으로 나아가 거기에서 기쁘게 살아가게 되는 소망을 주신 것이다.

소경은 이제 더 이상 소경이 아니고, 아직도 예수님을 보지 못하여 자신들의 죄를 깨끗하게 씻음 받지 못한 바리새인들이 소경이라고 말씀하고 계시지 않은가….

이제 보지 못하는 소경인 채 더러운 행위로 자신의 죄

된 모습을 가리며 살아가는 어리석은 바리새인들을 심판하시기 위해 이 땅에 오신 예수님을 바라보며 날 때부터 소경이었던 이 사람은 하나님의 일들을 나타냄으로 하나님께 영광을 돌리게 되었다. 할렐루야!

4

진짜 옷에 대하여

"그러므로 우리가 그리스도에 대한 교리의 기초를 떠나 온전함을 향해 나아가야 하리니, 죽은 행실들에서 회개함과 하나님을 향한 믿음과"(히브리서 6장 1절)

"하물며 영원하신 성령을 통하여 흠없는 자신을 하나님께 드린 그리스도의 피가 어찌 죽은 행실에서 너희 양심을 정결케 하여 살아 계신 하나님을 섬기게 하지 못하겠느냐?"(히브리서 9장 14절)

"너희가 육신을 따라 살면 죽을 것이나 성령을 통하여 몸의 행실을 죽이면 살리라."(로마서 8장 13절)

"우리가 우리의 행실을 살피고 시험하여 주께로 다시 돌이키자."(예레미야 애가 3장 40절)

우리의 창조 목적은 오직 하나님을 기쁘시게 하며 영원토록 그와 더불어 즐겁게 살기 위한 것이다. 그것은 지금도 유효하다.

하나님께서 만들어주신 아름다운 몸과 마음에서 더럽혀진 우리의 몸과 마음을 그분께로 돌이켜 그리스도의 피로 깨끗하게 하심을 받아 이제는 그리스도로 옷 입고 빛나는 세계에서 그분과 함께 영원히 살아가자.

"이제 그녀에게 허락하사 정결하고 흰 세마포를 입게 하셨으니 세마포는 성도들의 의라."(요한계시록 19장 8절)

"이제 너희가 알거니와 사람이 행함으로써 의롭게 되는 것이요, 믿음으로만 되는 것이 아니니라."
(야고보서 2장 24절)

"그러나 자유의 온전한 법을 주시하고 그 안에 계속 머

물러 있는 자는 듣고 잊어버리는 자가 아니라 오히려 실행하는 자니, 이 사람은 그의 행실로 복을 받으리라."

(야고보서 1장 25절)

"보라, 내가 속히 오리니 내가 줄 상이 내게 있어 각 사람에게 그의 행위에 따라 주리라."(요한계시록 22장 12절)

"하나님 곧 아버지 앞에서 순수하고 더럽혀지지 않은 종교 행위는 이것이니, 즉 고난 중에 있는 고아들과 과부들을 돌아보는 것과 자신을 세상으로부터 흠없이 지키는 것이라."(야고보서 1장 27절)

"우리 주 예수 그리스도 안에서 너희의 믿음의 행위와 사랑의 수고와 소망의 인내를 하나님 곧 우리 아버지 앞에서 쉬지 않고 기억함이니,"(데살로니가전서 1장 3절)

우리의 행위는 그리스도 예수 안에서 이루어져야 한다. 내가 행위를 하는 것 같아도 우리가 자랑할 것이 없음은 은혜로 인한 행위는 행위가 아니기 때문이다. (로마서 11장 6절)

"행위에서 난 것이 아니니 아무도 자랑하지 못하게 하려 하심이라."(에베소서 2장 9절)

예수님께서 율법의 모든 요구를 다 이루어주심을 알고 우리는 율법에 대해서는 죽고 예수님 안에서 다시 살아 그분의 지체된 각자의 몸의 소임을 죽는 날까지 완수하며 살아갈 일이다.

"누구든지 찬양을 드리는 자는 나를 영화롭게 하나니 그 행위를 바르게 하는 자에게 내가 하나님의 구원을 보이리라."(시편 50장 23절)

"또 말에 있어서나 행실에 있어서나 무엇을 하든지 모든 것을 주 예수의 이름으로 하고 그를 통하여 하나님, 곧 아버지께 감사를 드리라."(골로새서 3장 17절)

"그러므로 서서 진리로 너희의 허리띠를 두르고 의의 흉배를 붙이고 화평의 복음을 준비한 것으로 너희 발에 신고 모든 것 위에 믿음의 방패를 가짐으로써 능히 너희가 악한 자의 모든 불붙은 화살을 끌 수 있을 것이라. 또한 구원의 투구와 성령의 칼, 곧 하나님의 말씀을 가지고 모든 기도와 간구로 항상 성령 안에서 기도하고 이를 위하여 모든 성도들을 위해 모든 인내와 간구로 깨어 있으라."

(에베소서 6장 13절~18절)

우리가 이 땅에서 할 일은 예수 그리스도의 선한 군사로 복음을 전하며 기도와 간구로 우리의 구원의 완성을 위해 인내로 나아가는 것일 것이다.

그 일을 위해 우리는 부름을 받고 나아온 자들이다.

"살아있는 우리가 항상 예수를 위하여 죽음에 넘겨지는 것은 예수의 생명도 우리의 죽을 육신에 나타나게 하려는 것이라." (고린도후서 4장 11절)

"우리가 원수 되었을 때에도 그의 아들의 죽음으로 인하여 하나님과 화해하게 되었으니 더욱 더 화해하게 된 우리는 그의 생명으로 인하여 구원 받게 되리라." (로마서 5장 10절)

"보스라에서 물들인 옷을 입고, 에돔에서 오는 이가 누구인가? 그의 의복이 화려하고 그의 능력의 위엄으로 거니는 이가 누구인가? 의로 말하는 나니, 구원할 능력이 있는 나로다." (이사야 63장 1절)

아멘. 예수님만이 화려한 옷을 입으시고 위엄으로 거니시는 분이시며 의로 말씀하시며 그분만이 구원할 능력이 있는 분이십니다.

"내가 주를 크게 기뻐하겠으며, 내 혼이 내 하나님을 기뻐하리니 이는 그가 구원의 의복으로 나를 입혀 주셨고, 그가 나를 의의 겉옷으로 덮어 주시어 마치 신랑이 장식물로 자신을 꾸민 것같이, 신부가 보석으로 자신을 단장함같이 하셨음이라." (이사야 61장 10절)

"시온에서 슬퍼하는 자들을 정하여 그들에게 재 대신 아름다움을, 슬픔 대신 기쁨의 기름을, 무거운 영 대신 찬양의 의복을 주어 그들로 주의 심으신 의의 나무들이라 불리게 하여 주께서 영광을 받으시려는 것이라."

(이사야 61장 3절)

우리가 입은 옷은 구원의 의복이며 의의 겉옷과 보석 장
신구이다. 또한 아름다운 찬양의 의복을 입혀주사 우리는
주께 영광을 돌리고 주께서는 찬양을 통하여 영광을 받으
시기를 기뻐하신다.

주님은 제사장이시다. 주님이 입으신 제사장의 의복은
이러하다.

"기름부음을 받고 그의 아버지를 대신해서 제사장 직분
으로 섬기도록 성결하게 된 제사장은 속죄하고 베옷, 즉
거룩한 의복들을 입고"(레위기 16장 32절)

"이것들이 그들이 만들 의복들이니, 흉배와 에봇과 겉옷
과 자수옷과 관과 허리띠라. 그들이 네 형 아론과 그의 아
들들을 위하여 거룩한 의복을 만들어 그가 제사장 직분으
로 나를 섬기도록 하라."(출애굽기 28장 4절)

"주께서 자기 앞에 서 있는 자들에게 대답하여 일러 말씀하시기를 "그에게서 더러운 옷들을 벗기라." 하시고, 그에게 말씀하시기를 "보라, 내가 네게서 네 죄악을 제하였으니, 내가 옷을 바꿔 너를 입히리라." 하시기에,"

(스가랴 3장 4절)

육체의 행위는 더러운 옷들이다. 그 더러운 옷들을 일일이 나열하기가 사실은 싫다. 그러나 우리가 육의 행실을 벗으면 성령의 열매가 맺히기 시작한다. 아름답고 거룩하며 빛이 나는 모든 언어들이 우리의 행실이 된다.

우리의 눈이 나의 옛 모습을 바라보며 나는 의롭고 아름답다고 착각하던 소경 시절을 벗어나 예수님께서 자신의 침(물과 피)을 발라 짓이겨주신 진흙으로 덧입혀져 자신이 아직 밤과 같은 어두움 속에 속해 있었음을 밝히 알아 이제는 어두움이 아닌, 아름다운 빛의 갑옷을 입고 주님 안에서 그분의 생명을 누리며 모든 불의와 싸워 이기는 거룩한 주의 군사로 남은 생을 살아가게 되기를 이 글을 읽는 분들에게 간절히 바라본다.

"밤이 많이 지났고 낮이 가까웠느니라. 그러므로 어두움의 행위를 벗어버리고 빛의 갑옷을 입자." (로마서 13장 12절)

맺으며

우리 옛말에 빛 좋은 개살구라는 속담이 하나 있다.

겉은 번지르르하게 빛이 나 보이지만 속에는 먹을 수가 없는 벌레 먹은 형국의 살구 열매처럼 겉과 속이 다른 모양새라는 그런 뜻이다.

이제 우리는 우리의 처지를 알았다. 나에게 나올 것은 극히 부패한 더러움의 행위라는 것을 말이다. 그래서 예수 그리스도의 공로가 필요한 것이다.

그분이 마련해 놓으신 아름다운 빛으로 옷을 입고 우리의 옛 행실을 내려놓자.

그분의 아름다우심이 나의 아름다움이 되고 그분의 의로우심이 나의 의로움이 된다면 그 얼마나 큰 감사와 기쁨이 될 수 있겠는가….

당신께서 나의 완성이 되어주심이
너무나도 큰 영광이 됩니다.

주님 감사합니다.

아름다움 예찬

당신이 진정한 자아이십니다.
당신만이 진정한 이름을 소유하셨습니다.
당신이 이루어놓으신 이 세상은
처음의 세상과 비교할 수 없을 만큼
더욱 아름답고 빛이 나는 세상이 되었습니다.
그속에 감추어진

당신의
눈물
당신의
수고
당신의
애절함
당신의
갈망
당신의
사랑

그것이 이 세상을 이토록 아름답게
빛나게 해주나 봅니다.
당신이 회복하신 이 세상은
전에 없이 화려하고 깨끗하고 순수합니다.
당신의 거룩한 피로 씻기움 받은 우리도
처음 그대로가 아닌
놀라운 걸작품으로 완성되었습니다.

당신의 말씀으로 만들어진 세상은
당신의 그 말씀대로 온전히 새롭고
당신의 숨결이 거치지 않은 곳 하나도 없이
당신의 아름다운 형상으로 가득합니다.

이곳은 당신의 모습 그대로입니다.
거룩과 선과 의로만 가득한 곳.
이곳의 이름은 당신입니다.
당신 한 분으로 꽉 찬 세상,
당신의 숨결만이, 당신의 임재만이
가득한 나라.

당신은 그곳의 왕이시며
당신의 나라의 이름은 아름다움입니다.
아름다움으로 가득한 나라
아름다움의 향내가 퍼지는 그곳,
그곳에서 당신과 함께 하며 사는
그런 아름다움을 꿈꿔봅니다.

아름다운 세상
아름다운 나라
아름다운 당신

언제나 어디서나
당신은 거기에 계십니다.
당신이라는 아름다운 그 모습으로…

그곳에 당신과 함께 거하렵니다.
당신의 아름다운 모습과 하나 되어…

02

먹고 살다

食

여는 글

"예수 그리스도에 관한 계시라. 이는 하나님께서 반드시 속히 일어날 일들을 그의 종들에게 보이시려고 그에게 주신 것이요, 그의 천사를 그의 종 요한에게 보내어 알게 하신 것이니라."(요한계시록 1장 1절)

"작은 자가 일천이 되겠고 약한 자가 강한 민족이 되리라. 나 주가 자기 때에 그것을 속히 이루리라."
　(이사야 60장 22절)

"오직 너희는 주를 거역하지 말며 또한 너희는 그 땅의 백성을 두려워하지 말라. 그들은 우리의 밥이요, 그들의 보호자는 그들에게서 떠났으나, 주께서는 우리와 함께 계시니, 그들을 두려워 말라."(민수기 14장 9절)

하나님의 세계는 우리가 사는 세계와 시간 개념이 다르다.

그래서 우리가 알기에 '속히'라는 말은 즉시 무언가가 일어나는 것을 뜻하는 것처럼 보인다.

그러나 하나님께서 속히 이루어진다고 말씀하신 것은 즉시로 무언가가 이루어지는 것을 의미하지 않는다.

다만 우리가 보았을 때, 이 세상이 끝나고 보면 모든 것이 과연 속히 이루어져 있음을 시인하게 된다는 그런 의미의 말이 바로 '속히'이다.

그래서 하나님의 말씀은 하나님께서 의도하시고 기록하신 대로 이루어지지, 우리가 보고 우리가 생각한 것처럼 어떻게 일이 일어나는 것은 아니라는 것을 분명히 해두고 싶다.

우리는 어린 아이와 같아서 모든 것이 우리의 뜻대로 되기를 바라고 또 그렇게 되라고 어른에게 떼를 쓰는 일이 많다.

결과는 우리의 뜻대로 되지 않는다는 것은 누구나 쉽게 경험해 보아서 알 수 있지만….

하나님께서 이 세상을 만드시고 이 세상을 통해 목적하시는 바를 우리가 알 수 있는 길은 없지만, 하나님의 자녀인 우리에게 하나님은 그가 원하시고 바라시는 뜻이 무엇인지 성경 속에 비밀처럼 기록해 두셨다.

그러므로 진정 하나님이 누구신지를 아는 사람은 하나님

께서 원하시는 대로 살아가다 보면 그가 이루시고자 하시는 바가 무엇인지를 알고 그의 뜻대로 살아가게 된다.

그 사람의 결국은 하나님의 자녀로서 그가 계신 곳에 가서 영원한 삶을 누리며 사는 것, 바로 영생을 취하는 것이다.

그런 하나님의 자녀가 이 세상을 살며 먹는 음식은 과연 무엇일까….

하나님께서 우리에게 주시고자 하시는 궁극적 먹거리는 진정 우리가 먹고 죽지 않고 살 수 있는 비결이 된다.

그리고 사탄이 주는 음식은 지금 이 세상을 사는 멋있어 보이고 아름다워 보이는 썩어져 없어질 한 순간의 꿈으로 끝이 나게 될 것이다.

그렇게 이 세상은 하나님께서 원하시고 그가 간절히 바라던 대로 속히 우리의 밥이 되어 줄 그 날을 향해 가고 있다.

이제 그분께서 약속하신 대로 속히 심판이 이루어질 것을 기대하며 남은 하루하루를 기쁘게 살아가자.

음식으로 주노라

모든 것은 하나님의 말씀대로 되어진다.

창조 이래로 인간이 먹거리로 삼았던 것들은 모두 성경에 기록된 대로였다.

창조 직후에 창세기 1장 29절 말씀대로 인간의 먹을 것은, 지면 위에 씨 맺는 모든 채소와 씨를 내는 나무의 열매가 있는 모든 나무였다.

그러다 아담의 불순종과 카인의 살인이 있었고 인간은 에덴의 동산에서 쫓겨남을 당하였으며 인간의 역사는 심판의 국면으로 들어가게 된다.

그리고 물심판 이후 인간은 고기를 먹을 수 있게 허락을 받는다.

이때부터 짐승들도 살아남기 위하여 약육강식이라는 새로운 삶의 방식을 받아들이며 모든 생물(인간을 포함하여)은 채소와 열매 + 고기라는 먹거리를 추구하며 살아간다.

그리하여 인류와 생명을 같이하는 땅의 모든 짐승과 공중의 새와 생명이 있어 땅 위를 기어다니는 모든 것들은 하나의 공동체가 되어 자신의 배를 채우기 위하여 약한 것을 자신의 먹이감으로 삼아 상대방을 잡아먹는 생활을 시작한다.

최초의 하나님이 지으신 세상은 하나님께서 보시기에 아주 좋은 세상이었지만, 한 번의 물심판으로 달라진 세상은 이제 메시야가 도래하여 새로운 세상이 열리기를 고대하는 험악하고 괴로운 세상으로 바뀌어 버렸다.

그러한 세상 가운데 하나님께서 직접 자신의 계시, 죄(인간의 죄에 대한 구속과 구원)와 의와 심판에 대한 실현 계획을 선지자들과 사도들을 통해 인류에게 계시하셨는데 그것이 바로 성경 말씀이다.

성경이 인간에게 왜 주어졌는지 아는가…

인류의 육의 조상인 아담 이후 두 번째로 인류의 믿음의 조상으로 이 땅 위에 오신 주 예수 그리스도께서 이 땅 가운데에서 행하신 일들을 기록하여 알게 하기 위하여서다.

예수님께서 하신 모든 일들을 다 기록하기에 성경이라는 책 한 권은 너무도 턱없이 지면이 모자란다.

(요한복음 21장 25절 말씀)

그러나 성경의 기록이 없다면 우리는 약육강식이 난무하는 가시와 엉겅퀴가 뒤엉켜 있는 이 세상을 살아갈 수 없었을 것이다.

왜냐구?

우리 인간은 밥만 먹고 사는 존재가 아니기 때문이다.

우리는 영과 혼과 육이라는 몸으로 유기체적으로 엮여져 있는 존재들이다.

밥은 육을 위하여 먹고, 책을 읽거나 영화를 보는 일은 우리의 혼의 양식을 얻기 위하여 행해진다.

그렇다면 성경은 왜 필요할까….

사람이 거듭나지 아니하면, 육의 사람이다.

그는 육의 양식을 섭취하기 위하여 날마다 동분서주할 것이다. 오직 배가 신이 되어 날마다 육의 새로운 만족만을 추구하며 살아갈 것이다.

그러나 거듭난 인간은 영이라는 새로운 영역이 생겨나 활성화 된 전인격적 존재이다.

이들은 나의 욕구보다는 위로부터 주어지는 명령과 요구에 민감하게 반응하며 그 일을 행하는 데에 집중하며 살아간다.

이들에게 필요한 양식이 바로 아버지의 말씀이다.

아버지의 말씀을 행하면서 얻어지는 기쁨과 감사가 그들의 양식이 된다.

이것이 성경이 인간에게 꼭 필요한 이유이다.

나만 위하여 사는 존재는 짐승과 별 다를 바가 없다. 그의 인생은 나날이 고달프다. 또 배가 고프기 때문이다.

그러나 영이 주어진 존재들은 거의 신적인 삶을 영위하며 살아가게 된다.

마치 예수님께서 40일간 금식하실 수 있으셨던 것처럼, 거듭난 사람들은 육의 양식과 혼의 양식을 뛰어넘는 새로운 양식을 갈구하게 되어진다.

"그러나 주께서 그들에게 말씀하시기를 "나에게는 너희
가 알지 못하는 먹을 음식이 있느니라."고 하시니"
 (요한복음 4장 32절)

"네 원수가 굶주리거든 먹을 음식을 주고, 그가 목말라
하거든 마실 물을 주라." (잠언 25장 21절)

　자신의 몸밖에 모르는 사람이 어떻게 원수에게 먹을 것
과 마실 물을 줄 수 있겠는가….
　이것이 바로 영이 살아난 자들이 공통으로 누리는 새로
운 삶의 방식이다.
　이들은 더 이상 나만을 위하여 살지 못한다.
　왜냐하면 하나님 아버지의 속성인 사랑이 그 사람을 덮었
기 때문이다.
　사랑을 먹고 살게 되었기 때문에, 계속 사랑을 갈구하게
된다.

무엇을 먹는가

"하나님께서 말씀하시기를 "보라, 내가 온 지면 위에 씨 맺는 모든 채소와 씨를 내는 나무의 열매가 있는 모든 나무를 너희에게 주노니, 그것이 너희에게 먹을 것이 되리라.""(창세기 1장 29절)

""땅의 모든 짐승과, 공중의 모든 새와 생명이 있어 땅 위를 기어다니는 모든 것들에게 내가 모든 푸른 채소를 먹을 것으로 주노라." 하시니 그대로 되니라."
(창세기 1장 30절)

"주 하나님께서 보기에 즐겁고 양식으로 좋은 모든 나무를 그 땅에서 자라게 하시니,"(창세기 2장 9절)

하나님께서 인류의 모든 조상 아담과 하와에게 먹을 것으로 주신 것은 채소와 나무의 열매였다. 그런데 그냥 채소가 아니라 씨 맺는 채소였고 씨를 내는 나무의 열매였다.

그리고 땅의 짐승과 새와 땅 위를 기어다니는 것들에게

는 모든 푸른 채소를 먹을 것으로 주셨다.

씨를 맺는 채소와 씨를 맺지 않는 채소가 따로 존재한다는 말씀이었을까….

씨는 각 생물 고유의 특성을 이야기해주는 염색체를 담고 있다.

다시 말해 각 생물마다 고유의 혈통을 알 수 있는 이유는 생물마다 염색체가 다르기 때문이고, 그러한 기능을 담당해주는 염색체가 씨에 들어 있기 때문이다.

씨를 가진 채소를 먹는다는 것은 우리가 어떤 음식을 먹을 때, 자세한 정보와 의미를 알고 섭취해야 하는데 그 이유는 그 씨의 성분이 우리 몸속에 들어왔을 때 그 씨가 가진 영양분과 에너지를 우리가 누릴 수 있게 되기 때문이다.

다시 말해 아무것이나 섭취하지 말아야 한다는 것이다.

또, 음식은 배만 부르게 하기 위하여 먹는 것이 아니라, 우리 몸에 필요한 에너지와 영양가를 가진 것들을 골고루 섭취함으로 우리가 튼튼해지고 살아나가는 데에 필요한 필수 성분들을 빠짐없이 얻어 누릴 수 있게 해주는 원동력이 되기 때문에 우리는 씨를 가진 음식을 섭취해야 하는 것이다.

씨는 히브리어로 제라이다.

씨는 자라나서 열매가 된다. 따라서 씨가 한 알 그대로 있으면 안 된다.

"진실로 진실로 내가 너희에게 말하노니, 한 알의 밀알이 땅에 떨어져 죽지 아니하면 한 알 그대로 남아 있지만 죽으면 많은 열매를 맺느니라."(요한복음 12장 24절)

씨가 죽지 않으면 한 알 그대로 남아 있다고 했다. 그렇다면 과연 죽는다는 것은 어떠한 의미일까?

어떤 죽 집에 갔더니 배추의 이야기가 벽에 크게 적혀 있었다.

배추는 생명을 다하기까지 모두 다섯 번의 죽음을 경험한다.

첫 번째로 땅에서 뽑힐 때, 두 번째로 절여질 때, 세 번째로 칼로 잘라질 때 죽으며, 네 번째로 양념에 발라질 때 죽고, 마지막으로 우리 입속에 들어와서 씹힐 때 죽는다.

죽는다는 것의 의미가 잘 전달되는 이야기였다고 여겨

진다.

"너희가 많은 열매를 맺는 이 일로 아버지께서 영화롭게 되실 것이요 너희는 내 제자들이 되리라."

(요한복음 15장 8절)

씨가 죽지 않고 그대로 살아 있다는 것의 의미는 "나는 ○○○이다. 나는 ○○○의 자손이다."라고 주장한다는 것이다.

따라서, 씨를 먹으면 씨가 잘게 부숴져야 그 양분이 사람이나 짐승의 몸에 넉넉하게 공급이 될 터인데 그럴 수 없다는 뜻이다.

씨가 없는 채소나 열매는 그것을 먹는 사람에게 하등의 영양분이나 씨로부터 나오는 에너지를 제공해 줄 수 없지만, 씨째 먹는 음식은 씨로부터 나오는 모든 좋은 성분이 먹는 사람에게 이로움으로 작용하여 먹는 것의 기쁨을 한껏 돋우워준다.

우리가 죽는다는 말은 예수님께서 내 안에 거하시게 한다는 뜻이다.

왜 먹는가

우리는 오늘도 무언가를 먹는다. 어제도 먹었고 아마 내일도 먹을 것이다.

그렇다면 우리는 먹는 행위를 할 때 과연 '나는 왜 이것을 먹지?'라고 물어보는 과정을 거치고 그것을 섭취하는가?

아니, 우리는 이미, 검증된 것들을 아무런 고찰과 관념이 없이 우리 몸으로 들여 보내며 살아간다.

그리고 우리의 몸이 내가 섭취하고 싶은 것들에 대한 욕구로 가득차 있기 때문에 내가 어떤 음식을 섭취해야 하는가에 대해 그다지 깊은 생각을 하지 않는다고 여겨진다.

그렇다면 여기에서 어느 누구도 한 번이라도 시도해보지 않았을 법한 일을 시도해 보려 한다.

왜 우리는 먹는 일에 진심인가…

왜 우리는 먹는 행위에 관하여 묻거나 따지지 않고 살아가는가…

우리의 몸은 어떤 것을 바라는가….

답을 말하자면 우리는 살기 위해 먹는다. 그 어느 누구도 죽기 위해 음식을 원하는 사람은 존재하지 않는다.

그렇다면 죽음에 이르게 하는 음식도 존재하는가를 생각해보자.

최초의 인류인 아담이 에덴 동산에 기거할 때 죽음이라는 것을 알았을까….

하나님께서 아담에게 생명의 호흡을 불어 넣으셨을 때 비로소 아담은 살아 있는 생명체가 되었다. 그리고 보게 되고 먹게 되고 자신이 이제 살아있음을 알 수 있게 되었다. 다시 말해 자신을 존재하게 만들어주신 하나님이라는 창조주를 인식하고 그분이 어떤 분이시라는 것을 본능적으로 알게 되었다는 말이다.

아담은 자신이 피조되었다는 개념을 가지고 창조주께 복종하며 살아가는 열등 존재였다.

그리고 그에게 자신의 존재에 대한 각성을 북돋아 주는 또 다른 존재가 출현하는데 그가 바로 간교함의 극치인 뱀인 것이다.

뱀이 아담에게 나타나서 한 일은 단 하나이다. "너도 창조주처럼 될 수 있어…. 너도 영원히 불멸하는 그분처럼 죽지 않을 수 있어."

그렇다. 아담이 가장 무서워했던 것은 바로 존재의 사라짐, 다시 말해 자신의 죽음이었다.

그런데 이것을 어찌 뱀이 모르겠는가.

뱀은 아담이 자신의 존재감을 유지할 수 있도록 아담을 돕는 존재로 나타나 거짓말을 동원하여 아이러니하게도 아담을 죽게 만들었다.

아담은 이를 까맣게 알지 못하여 뱀의 거짓에 선동되었고 그의 말을 그대로 믿어버리는 커다란 실수를 하고 만다.

아담은 잘못된 믿음에 사로잡히게 되고 결국 자신이 불멸의 존재가 될 수 있다는 허황된 믿음에 사로잡혀 선과 악을 아는 지식의 나무의 열매를 따먹고 영원히 죽을 수밖에 없는 애물단지로 전락하게 된다.

여기에서 짚고 넘어가 보자.

아담이 선악과를 따먹었을 때, 아담은 이 열매가 자신을 지혜롭게 해줄 것이라는 확신을 가졌을까….

맞다. 그러나 아담이 가졌던 생각은 잘못된 믿음이었다.

인간은 믿음대로 행동하는 존재로 지음 받았다. 그것을 종교성이라고 한다.

아담이 인류를 대표하는 대표자로서 가장 최초로 믿은 존재는 다름 아닌 뱀이었다.

믿음은 행위를 낳는다. 아담은 그렇게 확실치도 않은 잘 못된 믿음을 바탕으로 자신이 받아들인 거짓 때문에, 하나 님 아버지의 변치 않는 진리의 말씀에 의거하여 정녕 죽음 에 이르고 만다.

아아…

안타깝게도 인류는 뱀을 자신의 신으로 받아들이며 영 원히 살 수 있는 존재에서 죽음에 이르는 유한한 존재로 타락해 버리고 말았다.

자신을 하나님처럼 될 수 있다고 믿으면서 벌어진 이 해프 닝 속에 드라마틱하게도 인간의 먹는 행위가 들어가 있다.

중국 진나라에 시황제가 있었다.

그는 생로병사를 초월하여 영원히 살고 싶어했다. 그래서 그는 신하들에게 늙지 않는 음식을 찾아오라고 명령한다.

진시황의 명을 받아 불로초를 구하러 제주를 찾은 서복이라는 사람이 있었다.

그리고 현 세대를 사는 사람 가운데에는 기술(Technology)로 불로불사를 꿈꾸는 레이 커즈와일이라는 인물도 있다.

인간은 죽지 않기 위해 필사의 노력을 다해보지만, 하나님의 말씀을 깰 수 있는 사람은 존재할 수 없다.

다시 한 번 강조하여 말하지만 우리는 왜 먹는가?

죽지 않기 위해, 영원히 살 것을 소망하며 음식을 섭취한다.

먹는 것을 가지고 장난질하지 말라는 우스갯소리가 있다.

우리는 어찌 보면 먹는 것을 가지고 장난질하는 사탄의 속임수에 걸려들었다.

그리고 하나님의 말씀처럼 따먹는 날에는 정녕 죽게 되는 선악과를 사탄의 거짓말이 섞인 장난질에 속아 넘어가서 진시황이 그렇게도 간절히 원했던, 아니 우리의 조상 아담과 하와가 그렇게도 염원하여 간절히 믿고 따먹은 열매로 인하여 과연 인류는 죽음에 이르게 되었다.

"너희 믿음대로 될찌어다."

예수님의 말씀은 믿음대로 되어진다는 것이지만 여기에 잘못된 믿음은 그 효력을 발휘할 수 없다는 진실도 같이 들어있다.

예수님을 믿으면 우리는 생명나무이신 예수님, 다시 말해 생명과를 따먹게 된다.

"이기는 자에게는 내가 하나님의 낙원 가운데 있는 생명나무를 주어서 먹게 하리라."(요한계시록 2장 7절)

"귀 있는 자는 성령께서 교회들에게 말씀하시는 것을 들을지어다."(요한계시록 2장 7절)

같은 장, 같은 절에서 예수님께서 성령의 음성으로 자신의 신부인 교회들에게 옛적 사탄이 들려주었던 음성과 비교되게 똑똑한 말씀으로 다가오셔서, 자신을 믿고 세상을 이기고 나아간 자들에게 예수님 자신, 곧 생명나무를 주어 먹게 하신다는 약속을 하신다.

사탄은 즉각적으로 선악의 열매를 따 먹자마자 그들의 눈이 열리게 만들었지만, 예수님께서는 장래(영의 세계)에 생명나무를 주시겠다고 약속하신다.

현 생애에서도 영생을 맛볼 수 있게 하셔서 자신의 신부인 교회가 자신의 약속의 말씀을 꼭 붙들어 이 세상을 믿음으로 이겨나가게 하신다.

선악과와 생명나무 과실의 차이점은 바로 이것이다.

즉각적으로 되어질 것인가? 아니면 꾸준히 점진적으로 이루어질 것인가?

사탄은 육에 속한 일, 즉 보여지고 만져지고 느껴지는 육적 욕망을 바라보게 만들었다.

그러나 예수님께서는 자신의 신부가 썩어져갈 금생의 소망이 아닌 영원한, 영원히 죽지 않고 지속적으로 누릴 수 있는 기쁨과 사랑을 소망하는 아름다운 신부가 가져야 할 진정한 욕망에 눈 뜨게 하셨다. 그리고 앞으로 펼쳐질 세상이 진정한 의미의 낙원이 아닐까 하는 강한 믿음이 생기게 하셨음을 어찌할 수 없다.

이것이 바로 우리의 자랑이다.

2

음식의 종류와 중요한 점

영, 혼, 육으로 이루어진 인간의 몸은 각각의 양식이 필요하다.

이를 영양분이라고 부르자.

좀 지난 이야기인데 어느 나라에서 생식세포가 아닌 체세포를 가지고 착상시킨 다음 한 여인의 자궁에서 40주간 기른 후에 출산을 하게 만들었다고 한다. 비밀리에 진행된 이 출산 프로젝트는, 이 과정을 지켜보던 이들을 경악하게 만들었는데 그 이유인즉슨 출산 후 태어난 아기를 살펴보니 아기는 급속도로 노화가 빨리 진행되어 6개월 만에 호호 백발 노인이 되어 죽음에 이르게 되었기 때문이다.

그러니까 몸 안에 육 덩어리만 있는 인간은 이 세상을 살

수가 없고 결국 육체의 노화 과정을 겪으며 세상을 황급히 떠나 버렸다는 것이 이 실험의 요점이라고 할 수 있다.

사람은 반드시 창조주의 설계 하에 영과 육과 혼을 모두 가지고 태어나야만 한다는 진리를 모든 사람에게 일깨워 준 실험이 아닐까 싶다.

그렇다. 인간의 한계는 너무나 명확하다. 생.노.병.사. 이 것이 인간이 누려야 하는 모든 생의 과정이다. 창조주의 허락 없이는 태어날 수가 없고 자라나며 살아가는 것도 마찬가지이며 늙고 병이 들어갈 때도 역시 인간이 할 수 있는 영역은 존재하지 않는다. 과학의 힘을 믿는다는 것이 얼마나 어리석은 일인지 우리는 과학의 전성시대에 살면서 다시 한 번 뼈져리게 느끼며 살아가게 된다.

죽는 것은 어떠한가….

죽지 않을 수 있다는 사탄의 유혹은 오늘도 계속되고 있지만, 죽음이라는 운명 앞에 굴복하지 않은 인간은 단 한 명도 존재하지 않는다.

심지어 예수님도 죽음을 맞이하셨다. 물론 예수님은

죽음 이후에 또 다른 생명을 취하셔서 죽음을 이기셨지만 어떠한 인간도 생로병사를 거치지 않은 채 영생을 누릴 수 있는 사람은 없다.

이것이 인간이 선악과를 먹은 결과 인간에게 주어진 하나님의 말씀의 성취이기도 하다.

이제 인간에게 또 다른 하나님의 말씀이 성취되어질 것이다.

""이는 그 보좌 가운데 계신 어린양이 그들을 먹이시고 생수의 샘들로 인도하시며, 하나님께서 그들의 눈에서 모든 눈물을 씻어 주실 것이기 때문이라."고 하더라."

(요한계시록 7장 17절)

"그 후에 일곱째 천사가 나팔을 부니, 하늘에서 큰 음성들이 있어 말하기를 "이 세상의 나라들이 우리 주와 그의 그리스도의 왕국들이 되어서 그분이 영원 무궁토록 통치하시리라."고 하더라." (요한계시록 11장 15절)

"이기는 자는 모든 것을 상속받으리니, 나는 그에게 하나 님이 될 것이요 그는 나에게 아들이 되리라."

(요한계시록 21장 7절)

"그의 계명들을 행하는 자들은 복이 있나니, 이는 그들 이 생명나무에 대한 권리를 가지며 또 그 문들을 통하여 도성 안으로 들어가게 하려 함이니라."

(요한계시록 22장 14절)

지금까지 인간의 몸에 대하여 설명했는데 이것을 요약 하자면, 인간은 창조될 때부터 창조주 하나님의 계획 하에 창조되었고, 그것이 실현되는 과정 가운데 인간은 먹는 일 을 통해 창조주 하나님의 섭리하심을 알고 느끼며 함께 하 나님의 계획을 이루어나가도록 셋팅되었다는 것이다.

하나님은 선과 악을 아는 지식의 나무를 따로 설정해놓 으셨는데 이는 생명나무와 대비를 이룬다.

선악과가 패스트 푸드라면 생명나무는 슬로우 푸드이다.

딱 이해가 되지 않는 분들이 많을 것이다.

우리 몸에 좋은 음식이 슬로우 푸드라는 것은 설명을 하지 않아도 금방 알 수가 있다. 그러나 선악을 아는 지식의 나무가 패스트 푸드라는 것을 이해하기는 좀 어렵겠다.

패스트 푸드의 장점은 금방 먹기에 좋고 맛이 좋다는 것이다. 그러나 단점도 있는데 음식이 너무 기름지고 영양분이 과해서 살이 찌기 쉽다는 것이다.

또한 중독성이 있어 그 음식을 한 번 맛을 본 사람들은 쉽게 그 맛을 잊지 못한다. 그래서 아직도 몸에 좋지 않은 패스트 푸드가 버젓이 존재하고 있다.

우리가 만약 매 끼니를 패스트 푸드로 채운다면 우리의 몸은 금방 병에 걸리기 취약한 몸으로 돌변하게 된다. 이것이 말해주는 의미는 우리가 먹기에 좋다고 그 음식만 섭취하면 우리는 심한 영양 불균형과 과잉 칼로리로 인해 건강하지 못한 사람이 되어버릴 수 있다는 뜻이다.

아…

인간의 한계어…

이것이 우리의 한계이다.

정성이 듬뿍 들어간 몸에 좋은 음식보다 그냥 입에 맞고 금방 섭취할 수 있는 라면과 탄산음료와 같은 음식을 선택하는 것….

　이러한 실수가 반복되면 몸은 더 이상 건강한 작용을 하지 않게 된다. 그리고 그 음식 속에 있는 독소는 그대로 우리 몸속을 파고 들어 치명적인 건강의 악요소가 되어서 우리 몸에 나쁜 영향을 미치어 결국, 한 사람의 생명의 년수를 줄이게 된다.

　맛있는 음식을 먹었을 뿐인데 병을 얻어 자신에게 주어진 삶을 다하지 못하게 되는 꼴이 되는 것이다.

　몸에 좋은 음식은 그렇다면 맛이 없는 걸까….

　아니다. 시간과 정성이 들어가기 때문에 오랜 숙성과 조리 과정을 필요로 한다는 것이 흠일 뿐, 패스트푸드 이상 가는 맛을 느낄 수 있다.

　한국 음식이 대표적인 슬로우 푸드이다.

　발효 식품은 대표적인 슬로우 푸드이지 않은가. 김치와 된장, 그리고 젓갈….

　그렇게 음식은 사람의 건강까지 책임지는 작용을 하는 중요한 요소이다.

　심지어 사람의 생명까지 음식을 통해 결정된다면 여러분은 믿으시겠는가….

여기에서 중요한 이야기를 하나 하자면 여러분은 소금의 효능에 대하여 들어본 적이 있을 것이다.

소금은 단지 음식에 맛을 내고 음식이 부패하는 것을 막아주는 역할만 하는 것이 아니다.

소금을 섭취하지 않으면 우리의 피는 양이 많이 줄어들어 뇌로 가는 혈액의 양이 줄어들게 되어 뇌로 가는 산소의 양을 현저히 떨어뜨리게 되는데 이것을 빈혈이라고 부른다.

그만큼 소금은 우리의 몸을 돌리는 일에 많은 기여를 하고 있는데 우리가 저염식이라고 해서 소금을 일정량 이하로 섭취하게 되면 우리의 몸은 심각한 불균형을 이루게 된다는 것에 주목해야 한다.

소금이 들어간 음식이 바로 발효식품이 아니겠는가….

아무리 강조해도 소금의 중요성은 지나치지 않는다.

이것을 명심하여 살아갔으면 좋겠다.

우리는 음식을 먹을 때 그 음식을 만든 사람을 믿고 맛을 보는 것보다 그냥 음식의 맛과 느낌을 중요하게 여긴다. 그럴 뿐만 아니라 음식을 먹고 났을 때 우리 몸에 미치는 영향은 그냥 간과하고 단순히 맛과 멋을 즐기며 이것저 것을 맛본다. 그래서 배에 탈이 날 때도 있다.

어차피 누구도 책임지지 않아도 될 테니 말이다.

내가 무엇을 먹었다면 음식을 먹는 순간부터 나에게 모든 책임이 있다.

좋은 음식을 먹었는지 나쁜 음식을 섭취했는지 일단 내 몸에 음식이 들어오면 그 다음부터는 내가 알아서 내 몸을 관리해야한다는 관점을 가져야 한다.

마치 선과 악을 아는 지식의 나무의 열매를 따먹은 인류 최초의 조상 아담이 즉시 눈이 밝아져 자신의 몸을 무화과 나무 잎으로 치마를 해서 가리는 등 음식을 먹은 행위를 한 사람이 자신의 삶에 전부 책임을 지고 자신의 잘못 된 선택에 대한 대가를 치르며 살아가야 했던 것처럼 말이다.

음식의 선택은 삶의 질과 방향을 결정짓는 가장 중요한 포인트가 된다. 이것은 현재를 사는 인간에게 지금도 적용 되는 엄연한 사실이다.

흰 음식을 먹으면 흰 사람이 되고 검은 음식을 먹으면 검은 사람이 되는 지도 모르겠다.

옛날에 우리 선조들은 무릎이 안 좋으면 짐승의 도가니를 끓여서 도가니를 탕으로 먹었다. 그러면 무릎이 좀 나아진다는 그런 이야기이다.

여러분도 동감하는가….

내 무릎이 아픈데 다른 짐승이 죽어 나를 위해 자신의 도가니를 내어 주는 행위를 하면 나의 무릎으로 그 짐승의 좋은 성분이 전이되어 들어온다는 그런 사실을 말이다.

이것을 민간요법이라고 부른다.

음식은 사람을 만든다고 한다. 우리가 먹은 음식의 성향과 특징이 그대로 우리에게 발현되어 나타난다는 그런 뜻에서 나온 말이 아닐까 싶다.

어쨌든 우리는 아무것이나 먹기에 좋아보인다고 다 먹으면 안 된다.

우리가 선택하여 먹는 그 음식 속에는 말로 끄집어 내어 표현하기 애매한 여러 가지 요소가 우리 몸을 통해 작용하기 때문이다.

그렇다.

음식만큼 중요한 것은 이 세상에 없다.

하나님께서 인간을 음식을 먹지 않고는 살 수 없는 존재로 디자인하여 만드셨기 때문이다.

따라서 음식을 잘 골라 먹어 음식으로 인한 병이나 잘못된 피해를 입지 않아야 한다.

이미 늦었지만 늦었다고 생각할 때가 빠른 때이다.

이제부터 우리는 잘못 된 음식을 선택하지 않는 삶을 살아야 한다.

3

예수님의 음식

　예수님도 음식을 드셨다. 예수님은 고대 유대인의 전통에 따라 다리를 뻗어 약간 누운 자세로 팔을 땅에 댄 자세로 식사를 하셨다.

　예수님의 모든 사역은 제자들과 함께였는데 아마도 식사도 제자들과 같이 하신 것으로 추측된다.

　예수님의 첫 번째 기적은 갈릴리 가나 혼인 잔치에서 있었다. 초대받아 간 어떤 집에 혼인 예식 다음 피로연 자리에서 포도주가 동이나 주인이 어찌해야 할지를 모르고 있었을 때, 예수님은 물을 떠다가 잔치자리에 갖다 주라고 하인들에게 명하신 것이었다.

　하인들은 물동이에 물을 떠다가 주인이 시킨 것도 아닌데 예수님의 말씀대로 바로 잔치자리로 날라다 주었다.

그리고 첫 번째 기적이 일어난다.

하인들은 자신들이 그 기적의 최초의 목도자가 되었다.

자신들이 갖다 준 것은 분명 물이었고 자신들도 어떠한 일이 일어날지 상상도 해보지 않은 채 테이블 위에 물을 가지런히 올려두었을 뿐이었는데 그날 그곳은 (유대인들이 그렇게도 일어나기를 원하던) 기적이 일어난 것으로 인해 온통 흥분의 현장으로 변해 버렸다.

첫 번째의 의미는 특별하다.

예수님의 기적 중 첫 번째 기적은 마시는 것에 관한 것이었다.

물이 변하여 포도주가 되는 사건, 그것도 세상에서는 맛볼 수 없는 가장 최상위의 포도주를 맛 볼 수 있는 엄청난 기적을 경험할 수 있었던 것이다.

예수님은 "나는 참 포도나무"라고 말씀하셨다. 예수님이 포도나무시라면, 포도나무에서 포도주가 나오는 것은 너무나도 당연한 결과일 텐데 우리는 한 순간에 물을 변하여 포도주가 되게 하시는 것이 어떻게 가능할까를 늘 의심스러운 눈으로 바라보아 왔다.

예수님이 일으키신 기적 중 가장 유명한 것은 오병이어의 기적일 것이다.

예수님은 마시는 것과 먹는 것을 단 한 번에 준비해주시는 분이실까….

우리가 그렇게 오해하기가 쉽다.

그러나 예수님은 이러한 기적을 일으키시고는 이 기적을 바라보고 자신을 따라오던 무리들을 향해 자신이 일으키신 기적을 보고 자신을 따라오지 말라고 경계하셨다.

자신이 하늘에서 내려온 참 된 빵이라고 하시면서….

진짜 기적은 한 번에 일어나지 않는다.

예수님이 기적을 일으키신 이유는 단 한 가지이다.

갈릴리 가나 혼인 잔치에서는 자신의 어머니 마리아가 요청했기에 그러셨고, 오병이어 사건 때에는 제자들이 먹을 것을 주어야 한다는 요청을 간곡히 예수님께 했기에 그러셨다.

예수님께서 진정 사람들에게 먹이고 싶은 것은 포도주와 식거리가 아니셨다.

어떻게 그렇게 유추할 수 있는가….

"썩는 음식을 위하여 일하지 말고 영생에 이르는 음식을 위하여 일하라. 인자가 너희에게 그것을 주리니, 이는 아버지 하나님께서 그를 인치셨기 때문이라."고 하시니라. (요한복음 6장 27절)

오병이어는 다시 말해 썩는 양식에 해당된다. 그리고 영생에 이르는 음식이 따로 존재한다.

"그들이 주께 말씀드리기를 "우리가 하나님의 일들을 하려면 무엇을 해야 되리이까?"라고 하니 예수께서 대답하여 그들에게 말씀하시기를 "이것이 하나님의 일이니, 즉 그분이 보내신 이를 너희가 믿는 것이라."고 하시니라." (요한복음 6장 28절~29절)

유대인들은 끝까지 표적을 보고 예수님을 믿으려고 했다. 그러나 예수님은 "너희가 나를 보고서도 믿지 않느니라."고 말씀하셨다.

인간은 이미 선과 악을 아는 지식의 나무열매를 먹고 자신이 선과 악을 구분하여 알고 있는 자들이다.

그런 인간들에게 예수님은 그저 목수의 아들이요, 일개 초라한 나사렛 사람으로밖에 보이지 않았던 것이다.

그러나 끝까지 예수님은 말씀하신다. 거짓과 위선이 전혀 없으신 그분은 자신의 하실 말씀을 정직함과 당당함으로 진실하게 나열하신다.

""이는 내가 하늘에서 내려온 것은 내 자신의 뜻을 행하려는 것이 아니요, 나를 보내신 분의 뜻을 행하려는 것임이라. 이것이 나를 보내신 아버지의 뜻이니, 즉 그분께서 내게 주신 모든 사람을 하나도 잃지 않고 마지막 날에 다시 살리는 것이라. 또 이것이 나를 보내신 분의 뜻이니, 아들을 보고 그를 믿는 사람은 누구나 영생을 얻게 하는 것이라. 그리고 내가 그를 마지막 날에 살리리라."고 하시더라." (요한복음 6장 38절~40절)

""진실로 진실로 내가 너희에게 말하노니, 나를 믿는 사람은 영생을 가졌나니 나는 그 생명의 빵이라. 너희의 조상은 광야에서 만나를 먹고 죽었으나 이것은 하늘에서 내려온 빵이니 그것을 먹는 자는 죽지 아니하리라.

나는 하늘에서 내려온 살아있는 빵이니 누구든지 이 빵을 먹으면 영원히 살리라. 또 내가 줄 이 빵은 세상의 생명을 위하여 줄 나의 살이라.”고 하시니라.”

(요한복음 6장 47절~51절)

“살아 계신 아버지께서 나를 보내셨고 내가 아버지로 말미암아 사는 것같이 나를 먹는 그 사람 역시 나로 말미암아 살리라.”(요한복음 6장 57절)

“살리는 것은 영이니, 육은 전혀 무익하니라. 내가 너희에게 한 말들은 영이요, 생명이라.”(요한복음 6장 63절)

예수님의 말씀에 많은 사람들은 이렇게 말했다. “이 말씀은 어렵도다. 누가 그것을 들을 수 있겠느냐?” 그리고 그들은 예수님을 떠나 물러가고 더 이상 주와 함께 다니지 아니했다.

이것이 인간의 한계이다. 자신에게 유리한 것은 취하고 자신이 보기에 전혀 유익이 되지 않을 것 같은 말은 한 귀로 듣고 한 귀로 흘려버리고 마는 것….

그래서 인간에는 의인이 한 사람이 없다.

의의 말씀을 들려주어도 의로운 귀가 없으니 들을 수 없고, 의로운 눈이 없으니 제대로 보고 의의 길로 걸어갈 방법이 없는 것이다.

그런데 우리의 열혈남아, 베드로 사도가 여기에 등장하여 성경 말씀에 남을 위대한 고백을 하나 던진다.

"주여, 우리가 누구에게로 가오리까? 주님께는 영생의 말씀이 있나이다." (요한복음 6장 68절)

베드로 사도는 영생의 말씀이 무엇인지 정확히 알고 있었을까…?

아직 거듭나기 전의 베드로였기 때문에 이것의 답은 확실치 않다.

변화산에서 베드로는 엘리야와 모세가 예수님과 함께 대화하는 것을 보고 예수님께 "여기가 좋사오니."라는 말을 남겼기도 했고….

그러나 훗날 베드로는 죽음을 두려워하지 않는 예수님의 수제자로 거듭났고 이 말씀의 의미를 너무나도 정확히 알고 죽음을 맞이했을 것이다.

죽음 이후의 온전한 부활과 영생의 세계를 이미 알기에 그의 죽음은 당당하고 멋진 것이었다.

예수님을 먹고 마신다는 말의 뜻은 무엇일까….

선악과를 따먹은 인류가 뱀의 독을 먹고 서서히 뱀처럼 변해갔던 것처럼, 예수님을 먹고 예수님을 마시는 자들은 예수님의 진실하심과 온유하심, 그리고 그 인자하심을 맛보아 알며 계속적으로 예수님처럼 변해가는 과정 중에 있을 것이라는 것이다.

"영생은 이것이니, 곧 사람들이 유일하시고 참 하나님이신 아버지와 아버지께서 보내신 예수 그리스도를 아는 것이옵니다. (중략) 나는 아버지께서 이 세상으로부터 나에게 주신 그 사람들에게 아버지의 이름을 나타내 보였나이다. 그들은 아버지의 사람들이었는데 아버지께서 나에게 주셨으며, 그들은 아버지의 말씀을 지켰나이다. 이제 그들은 아버지께서 내게 주신 모든 것들이 다 아버지께로부터 온 것임을 알았나이다. 아버지께서 내게 주신 그 말씀들을 그들에게 전하였으니, 그들은 그 말씀들을 영접하여 내가 아버지께로부터 온 것을 분명히 알았으며, 또 아버지께서 나를 보내신 것을 믿었나이다.”

(요한복음 17장 3절, 6절, 7절, 8절)

예수님께서 말씀하신 것 중에 그 답이 있다.

요한복음 4장에 나오는 음식

“그 사이에 제자들이 주께 간청하여 말씀드리기를 “선생님, 드소서.”라고 하더라. 그러나 주께서 말씀하시기를 “나에게는 너희가 알지 못하는 먹을 음식이 있느니라.”고 하시니 제자들이 서로 말하기를 “누가 주께 드실 것을 가져다 드렸는가?”라고 하더라.” (요한복음 4장 31절~33절)

“예수께서 그들에게 말씀하시기를 “나의 음식은 나를 보내신 분의 뜻을 행하고 그분의 일을 완성하는 것이라. 너희가 아직도 넉 달이 있어야 추수할 때가 된다고 말하지 아니하느냐? 보라, 내가 너희에게 말하노니 눈을 들어 밭을 보라. 이는 곡식이 추수하도록 이미 하얗게 되었음이라. 또 거두는 사람은 삯을 받고 영원한 생명에 이르는 열매를 모으느니라. 이는 뿌리는 사람과 거두는 사람이 다 함께 즐거워하려 함이라.

이렇듯 한 사람은 심고 한 사람은 거둔다는 그 말이 옳도다. 나는 너희가 일하지 않은 것을 거두게 하려고 너희를 보내었노라. 일은 다른 사람들이 하였고 너희는 그들의 수고에 참여하였느니라."고 하시더라."

(요한복음 4장 34절~38절)

"내가 주는 물을 마시는 사람은 누구든지 영원히 목마르지 아니하리라. 그러나 내가 그에게 주는 물은 그 사람 안에서 영원한 생명으로 솟아오르는 샘물이 되리라."

(요한복음 4장 14절)

제자들이 모르는 예수님의 먹을 음식은 하나님 아버지의 뜻을 행하고 그분의 일을 완성하는 것이라고 하셨다.

예수님이 태어나시기 전, 선지자들과 예언자들이 하나

님의 말씀을 받아 글로 기록하여 놓은 것을 우리는 예언의 말씀이라고 부른다.

예수님은 이 세상에 자신이 행해야 할 일들을 완성하러 오신 분이시다. 그리하여 하나님 아버지의 뜻을 다 이루어 드리고 자신이 하나님 아버지의 아들인 것을 만 천하에 알리셨다.

예수님께서 나를 먹고 마시라고 하신 말씀은 그분을 따르는 그분의 제자들과 신약의 교회 성도들에게도 해당된다.

예수님의 생명나무의 씨앗을 온 세상에 심는 일.

그리고 하얗게 익은 곡식을 하늘창고에 거둬들이는 일.

이것이 하나님께 받은 주 예수 그리스도의 사명이시다.

이 일에 동참하여 구약의 성도들은 말씀의 씨를 뿌렸고, 신약의 성도들은 말씀의 열매들을 거두게 된다.

예수님은 빛으로 이 세상에 오신 분이시다. 유대인들이 자신들은 하나님께서 이 세상에 뿌려놓으신 빛들이라고 여기는 이유도 다 일리가 있다.

그들은 하나님께서 하나의 빛을 60만 개의 빛의 조각으로 여기저기에 흩어놓으셨고 자신들이 그 빛들의 총체라고 생각한다.

그런데 하나님께서도 이 생각이 옳다고 여기게 해주시는 성경구절을 성경에 넣어놓으셨다.

"너희는 세상의 빛이라."(마태복음 5장 14절)

"그러므로 너희의 빛이 사람들 앞에 비치게 하여 그들로 너희의 선행을 보게 하고, 또 하늘에 계신 너희 아버지께 영광을 돌리게 하라."(마태복음 5장 16절)

"이방인들에게 비치는 빛이요, 주의 백성 이스라엘의 영광이옵니다."(누가복음 2장 32절)

예수님은 이 세상에 빛으로 오셔서 빛을 비추다가 하나님 아버지의 영광을 위하여 십자가 사역을 마치시고 하늘에 영원히 거할 곳을 마련하러 올라가셨다가 자신을 믿지 않는 죄인들을 벌하러 이 땅에 다시 내려오실 것이다.

"그분 안에 생명이 있었으니 그 생명은 사람들의 빛이라."(요한복음 1장 4절)

"그러므로 네 안에 있는 빛이 어둠이 되지 않도록 조심하라." (누가복음 11장 35절)

"이는 곡식이 추수하도록 이미 하얗게 되었음이라. 또 거두는 사람은 삯을 받고 영원한 생명에 이르는 열매를 모으느니라." (요한복음 4장 35절~36절)

유대인들은 밀을 먹는다. 그리고 예수님께서 말씀하신 곡식도 밀을 가리킨다.

"너는 네 곡식과 네 포도주를 거둬들인 후 칠 일 동안 장막절을 지킬지니라." (신명기 16장 13절)

이스라엘의 3대 절기 중에 장막절이라는 것이 있다. 이때에는 가을에 곡식을 거둬들인 후 집이 아닌 초막을 만들어 거기에서 10일 동안 거주하며 함께 즐거워하는데 유대인들은 이 절기를 꼭 기억하여 지킨다.

곡식과 포도주를 함께 먹으며 즐거워하는 이 절기를 이들은 애굽에서 나온 후부터 지금까지 지내오고 있으며 이 절기를 통해 하늘의 하나님과 기뻐하는 것을 연습한다.

먹는다는 것은 결국 살기 위한 행동이며, 무엇을 먹는가에 따라 삶과 죽음이 결정된다면 과연 여러분은 무엇을 먹을지에 관해 신중히 결정하지 않겠는가….

배만 부르면 된다는 어리석은 마음에, '어떤 것을 먹든 나에게 어떤 일이라도 일어나겠어? 내가 좋으면 됐지, 뭘 먹는 것에 먹지 말아야 할 것과 먹어야 할 것이 따로 있기나 하단 말이야? 보기에 좋은 것이 먹기에도 좋은 것 아니야?'라는 식의 태도를 가지고 음식을 대하면 안 되는 이유에 관해서 말하라 하면 "먹지 말아야 할 것을 먹고 그만 죽고 말았어."라고 대답해 주고 싶다.

선악을 알게 하는 지식의 나무를 먹은 인간은 죽음에 이르는 결과를 끌어안고 나밖에 모르는 죽음의 삶을 지향하며 살아가다가 그렇게 죽음에 이르게 되지만, 생명나무 되시는 예수님을 먹고 살아가는 사람은 빛이신 예수님을 닮아 남을 자신처럼 귀히 여기는 삶을 살아가다가 마침내 영생의 나라, 영원히 죽지 않는 나라에 이르러 거기에서 영원토록 기쁘고 즐겁게 살게 된다.

딸의 어린이집 졸업식에 참가했었다.

원장선생님께서 아이들에게 해주시는 마지막 이야기가 아직도 생생히 기억에 남아있는데 그 이야기는 이랬다.

"애들아, 천국과 지옥이 있는데 천국에도 숟가락이 2M 나 되고 지옥에도 숟가락이 2M이란다. 사람들이 어떤지 살펴보았는데 글쎄 천국에서 사는 사람들은 포동포동 살이 찌고 얼굴이 윤택하기가 이루 말할 수가 없었어. 그런 데 지옥에 사는 사람들의 얼굴을 살펴보니 해골바가지처럼 바짝 말라 보기가 그렇게도 안 좋아 보이더란 말이지.

그래서 왜 그런가 한 번 살펴보았대. 천국에 사는 사람들도 자기가 밥을 떠서 자기의 입으로 넣을 수 있는 사람들은 없었단다. 그리고 지옥에 사는 사람들도 마찬가지로 자기의 입으로 밥을 떠서 먹을 수 있는 사람은 단 한 사람도 없었지. 그런데 어떻게 천국에 사는 사람들은 살이 찌고 얼굴이 좋아 보이는 건지 궁금해져서 물어보았대. 그리고 들려온 답변은 실로 놀라운 것이었지.

"이곳(천국)에서는 서로가 서로에게 숟가락으로 밥을 떠서 먹여주지요. 그래서 배고픈 사람이 한 사람도 없어요.

(웃음)"

지옥에서 들려온 답변은 이랬대. "나 혼자 이것을 먹어야 하는데 어떻게 이 숟가락을 내 입에다가 넣을 수 있는지 제발 좀 알려줘. 나 너무 배가 고파서 그래…. 제발!! (절규)"

하나님은 공평하셔서 천국에 사는 사람에게도 지옥에 사는 사람에게도 똑같이 숟가락을 자기 입으로 먹지 못하게 만들어 놓으셨는데 천국에 사는 사람들은 자기의 입으로 그 숟가락을 가져다 넣지 않고 남의 입에다 밥을 떠서 먹여주므로 그들은 행복하게 밥을 먹을 수 있었지만 지옥에 사는 사람들은 자신의 힘으로 아무리 노력을 해도 자신이 노력한 대로 밥을 먹을 수 없어서 저렇게 해골과 같은 형상을 하고 살아가는 거야.

여러분도 어느 곳에서 살지를 지금 이곳에서 결정하는 거에요.

나만을 위해서 살면 분명 죽어서 먹을 수도 없고 외롭게 고통스러워하는 곳에 가게 될 거에요. 아셨지요? 여러분의 현명한 판단을 믿을게요. 그리고 선생님도 남을 위해서 섬기고 봉사하는 아름다운 삶을 살아갈게요. 안녕히 가세요. 그리고 다음에 천국에서 꼭 만나요. 사랑해요. 여러분…."

이것이 하나님께서 우리에게 말씀해주시고 싶은 가장 귀한 가르침일 것이다. 이 이야기를 들려주신 원장 선생님께 감사의 인사를 전하고 싶다.

7살 어린이들에게 가장 귀한 천국의 메시지를 전해주신 분이 이분이 아닐까 한다.

그렇다. 우리는 아버지께서 차려주시는 밥상을 받아 영원히 맛난 음식과 포도주로 배를 채우며 살아갈 것이다.

이 땅에서 나만을 위하여 살아가는 악한 족속이 우리의 밥이 되지 않을까 생각해본다.

하나님께서 창조하신 피조 세계에 사는 우리가 알 수 있는 것이 별로 없다는 것이 아쉽지만, 그래도 사랑의 하나님께서 우리가 알 수 있도록 조금씩 성경에 말씀으로 심어놓으신 것만 유추해보아도 우리는 알 수 있다.

하나님께서 기르시는 자신의 자녀들을 위해 온갖 좋은 것들과 갖은 보화로 가득한 집을 짓고 계시며, 우리는 거기에서 기쁘고 즐겁게 하나가 되어 아름다운 모습으로 살아가게 될 것을 말이다.

우리는 이 소망을 가지고 오늘도 살아간다.

요한계시록 3장에 나오는 음식

"보라, 내가 문 앞에 서서 두드리노라. 누구든지 내 음성을 듣고 그 문을 열면 내가 그에게로 들어가서 그와 함께 먹으며 그도 나와 함께 먹으리라." (요한계시록 3장 20절)

옛날 성룡이 나오는 영화가 많았었다. 어느 영화든 빼놓지 않고 그 영화들을 보았는데 그중, 가장 기억에 남는 영화가 있다. 그 영화의 제목은 기억이 나지 않지만 사막 한 가운데를 여자 4명과 성룡이 가로질러 가야하는 장면이 있었는데 이것이 이 영화의 명장면으로 내 기억 속에 남아 있다.

사막 한 가운데에 여자들과 성룡이 걸어가는 장면에서 성룡이 몸 안에 물통 하나를 메고 있었다. 물통에는 빨대가 연결되어 있었고, 물통과 이어진 긴 빨대를 입에 물면 그 물통 안에 있는 물이 입속으로 쭉 빨려 들어오므로 물로 인한 갈증은 해결이 되었다. 문제는 여자들이 성룡을 믿지 못한다는 거였다.

그런데 성룡이 한 여자에게 다가가 그 여자를 와락 껴안

아 버렸다. 다른 여자들은 '무슨 일인가?' 하고 돌아보다가 성룡이 여자를 꺼안고 있는 것을 목격하고는 '걸음아 날 살려라.' 하는 심정으로 빠른 속도로 성룡과 여자의 근처를 벗어나려고 달리기 시작하는 것이다.

그래도 성룡은 아랑곳하지 않고 자신이 가지고 있는 물통에 연결되어 있는 물호스를 자신이 안고 있는 여자에게 물린다.

그리고 여자는 좋아 미친 것처럼 성룡에게 바짝 안기고 만다.

꽉 붙은 두 사람을 보는 다른 여자들이 손으로 360도를 그리며 고개를 흔들어 댄다.

그래도 이 여자는 물을 먹기 시작하니 성룡에게 더욱 바짝 안기며 그에게 붙는 모양새를 보여준다.

성룡은 충분히 물을 주었다고 생각했는지 다른 여자에게 다가가지만 여자는 영문을 모른 채 도망만 치려하고 그런 여자에게 성룡은 바짝 따라붙어 그 여자를 와락 안고 전에 했던 것처럼 물호스를 입에 물려준다.

그 여자의 행동도 전에 물을 마셨던 여자와 다를 바가 없었다.

다른 여자들이 똑같이 미쳤다고 생각하고 있었지만, 성룡은 4명에게 전부 시원한 물통 속의 물을 공급해주는 임무를 마친다.

예수님은 우리에게 영화 속 주인공처럼 다가오실까….

우리의 마음을 잘 아시는 예수님이시지만 우리의 친구 예수님은 성룡처럼 강제로 다가오셔서 자신이 하시고자 하시는 바, 함께 먹고 마시는 일을 하게 하시지 않으신다.

그분은 인격적으로 다가오신다.

그리고 그분은 우리의 닫혀져 있는 마음문을 향해 두드리신다.

거기까지가 예수님이 하시는 일이다.

그리고 나머지 문을 열고 예수님을 영접하고 그분과 같이 먹고 마시는 일은 우리의 선택에 달려 있다.

그분은 스타도 아니시고 옆집 아는 사람도 아니시며 단지 나와 인격적으로 만남을 갖고 싶어하시는 좋은 친구이시다.

그분은 함부로 누구의 마음속으로 침입하듯 달려드는 행동을 하시지 않으실 뿐더러, 문 밖에 서서 우리의 이름을 부르시며 나와 함께 고난의 쓴잔을 마시며 수고의 빵을 먹자고 속삭여 말씀하시는 식으로 우리에게 다가오신다.

예수님께 문을 열어드릴지, 말지, 그것을 오직 우리의 선택에 두실 뿐, 우리의 선택을 존중하셔서 우리가 원하지도 않는 길을 같이 가자고 강요하시는 분은 더욱 아니시다.

그리고 그분을 믿고 그분께 문을 열어드려 그분과 함께 먹고 마신 자를 "이긴 자"로 불러주시며 훗날 그들에게는 감당하긴 힘든 엄청난 상급을 주신다고 약속하신다.

"이기는 자에게는 내가 내 보좌에 앉을 자격을 주리니, 이는 내가 이겨서 내 아버지와 함께 그의 보좌에 앉은 것과 같으리라. 귀 있는 자는 성령께서 교회들에게 말씀하시는 것을 들을지어다." (요한계시록 3장 21절~22절)

이 세상은 어둠의 세계요, 흑암의 권세 잡은 자가 활동하는 곳이요, 망해가는 장망성이다. 그래서 이 세상에는 소망이 없다.

이 세상을 만드신 빛이신 그분이 오셨는데 이 세상은 그분을 죽이고 가두어버렸다.

그래서 이 세상은 빛을 받아들이지 못함으로 아직도 어

둠 가운데 죽어가고 있는 것이다.

그런 사막과 같은 세상에 예수님은 오시었다. 자신의 신부를 찾으러….

그는 신랑이시므로 신부에게 강압적으로 행하시거나 신부의 마음을 유혹하시는 일이 없다.

단지 우리의 마음을 향해 음성을 들려주신다. "나와 함께 가자. 사랑하는 자여…."

그분의 음성은 신부의 귀에 사랑의 음성으로 들려지고 마침내 신부는 자신의 사랑하는 신랑의 음성에 반응하여 자신의 문을 열고 그분을 받아들이게 된다.

그래서 신랑과 신부는 함께 동고동락하는 삶을 살아가게 되고 마침내 신랑이신 예수님의 약속하신 모든 약속대로 신부는 엄청난 유업을 함께 누리는 영광스러운 생애를 맞이하게 되는 것이다.

이것이 요한계시록 3장 20절 말씀의 요지이다.

이 예수님의 말씀은 "나랑 결혼만 해줄래.."라고 하는 단순한 프로포즈가 아니라, "내가 너와 함께 생명을 나눠갖는 삶의 동반자가 되어줄게…. 너의 모든 삶을 책임져줄게…."라는 분명한 메시지인 것이다.

선택은 우리에게 남겨져 있다.

영원한 생수 되시는 예수님과 함께 먹고 마시는 삶을 살아가는 현명하고 지혜로운 여러분이 되시길 간절히 소원한다.

금식과 부활하신 후의 식사와의 관계

예수님은 공생애 사역을 시작하시기 전, 40일 간을 금식하시며 기도하셨다.

성령에 이끌려 광야로 가사 거기에서 시장하게 되셨을 때에 마귀에게 시험을 받으셨다.

마귀는 이 세상, 다시 말해 땅의 왕이다. 에덴 동산에서 아담을 유혹하던 뱀이 예수님을 시험하는 마귀, 바로 그인 것이다.

마귀는 이 땅을 자기의 것으로 넘겨받기 위해 이 땅을 다스리던 권세를 가진 아담을 자기의 손아귀에 넣는 일을 하였고, 지금 예수님을 시험하기 위해 예수님께 와서는 똑같은 어투와 내용으로 예수님을 자신의 손아귀에 넣고

자 하는 말을 건넨다.

예수님께서 40일을 굶으신 것은 우리가 다 아는 이야기이다.

성경의 모든 말씀은 짝이 있다고 하셨다. 그렇다면 예수님의 금식과 짝이 되는 부분은 어떤 것이 있을까….

40일이라고 한다면 예수님의 부활 이후의 40일을 들 수 있을 것이다.

예수님께서 부활하시고 제자들에게 나타나시어 빵과 물고기를 구워 주시던 장면이 요한복음 마지막장에 나온다.

이때 예수님께서 음식을 드셨을까….

나는 한 번도 예수님께서 이때 음식을 드시지 않았다고는 생각해보지 못했다.

부활한 몸은 뼈도 있고 살도 있고 심지어 음식을 먹을 수도 있다고 배웠기 때문이다.

그런데 이번 글을 쓰게 되면서 다시 읽어보니, 예수님께서 요한복음 21장에 음식을 드셨다는 내용은 나오지 않는 것을 알게 되었다.

예수님께서 음식을 차려만 주셨지 정작 본인은 드시지

않으셨던 이유는 과연 무엇이었을까….

그렇다.

바로 이것이 성경에서 말하는 짝이 되는 내용이 아닐까….

40일 간 금식하신 예수님께서 다시 40일간 아무것도 먹지 않으신 채 제자들이 보는 앞에서 하늘로 올라가신 것이라면, 예수님은 "썩는 음식을 위하여 일하지 말고 영생에 이르는 음식을 위하여 일하라. 인자가 너희에게 그것을 주리니, 이는 아버지 하나님께서 그를 인치셨기 때문이라."(요한복음 6장 27절)고 하신 자신의 말씀을 이 땅 위에서 직접 실현하여 주신 것이리라.

"이는 하나님의 빵은 하늘에서 내려와 세상에 생명을 주는 분이기 때문이니라."(요한복음 6장 33절)

"예수께서 그들에게 말씀하시기를 내가 생명의 빵이니라. 내게 오는 자는 결코 배고프지 아니하며, 또 나를 믿는 자는 결코 목마르지 아니하리라."(요한복음 6장 35절)

"이는 내가 하늘에서 내려온 것은 내 자신의 뜻을 행하려는 것이 아니요, 나를 보내신 분의 뜻을 행하려는 것임이라. 이것이 나를 보내신 아버지의 뜻이니, 즉 그분께서 내게 주신 모든 사람을 하나도 잃지 않고 마지막 날에 다시 살리는 것이라. 또 이것이 나를 보내신 분의 뜻이니, 아들을 보고 그를 믿는 사람은 누구나 영생을 얻게 하는 것이라. 그리고 내가 그를 마지막 날에 살리리라."

(요한복음 6장 38절~40절)

"진실로 진실로 내가 너희에게 말하노니, 나를 믿는 사람은 영생을 가졌나니 나는 그 생명의 빵이라. 너희의 조상은 광야에서 만나를 먹고 죽었으나 이것은 하늘에서 내려온 빵이니 그것을 먹는 자는 죽지 아니하리라.

나는 하늘에서 내려온 살아 있는 빵이니 누구든지 이 빵을 먹으면 영원히 살리라. 또 내가 줄 이 빵은 세상의 생명을 위하여 줄 나의 살이라." (요한복음 6장 47절~51절)

"이는 내 살은 참된 양식이요, 내 피는 참된 음료임이라. 내 살을 먹고 내 피를 마시는 자는 내 안에 거하며 나도 그

사람 안에 거하느니라.”(요한복음 6장 55절~56절)

“그때 주의 제자 중 많은 자들이 이 말씀을 듣고 말하기를 “이 말씀은 어렵도다. 누가 그것을 들을 수 있겠느냐?”고 하니라.”(요한복음 6장 60절)

“살리는 것은 영이니, 육은 전혀 무익하니라. 내가 너희에게 한 말들은 영이요, 생명이라.”(요한복음 6장 63절)

“그때부터 제자들 중 많은 자들이 물러가고 더 이상 주와 함께 다니지 아니하더라.”(요한복음 6장 66절)

예수님을 따르던 수많은 제자들은 예수님께서 육의 양식을 주시기 때문에 따르려 했지만, 예수님은 그들을 향해 담대히 외치셨다. 먹고 배부르기 때문에 나를 따르지 말라고….

그렇다. 영의 양식을 먹지 못하는, 영이 죽어있는 사람들에게 예수님은 너희는 영의 양식, 즉 생명의 양식을 먹어야 다시 살아날 수 있다고 계속 외치고 계신데, 그들은 영이 무엇인지 모르기 때문에 “이 말씀은 어렵도다. 누가 그것을 들을 수 있겠느냐?”라고 하며 예수님의 가르침을 외면하고 각자의 길로 떠나갔던 것이다.

그러나 예수님은 12제자에게도 인격적으로 물으셨다.

"너희도 가려느냐?"

"그때 시몬 베드로가 대답하기를 "주여, 우리가 누구에게로 가오리까? 주님께는 영생의 말씀이 있나이다. 우리는 주께서 그 그리스도, 곧 살아 계신 하나님의 아들이심을 믿으며 또 확신하나이다.""(요한복음 6장 67절~69절)

베드로를 위시하여 예수님의 12제자는 예수님을 경험하여 안 사람이다. 예수님의 오병이어 기적을 보고 예수님을 따르던 대부분의 사람들은 예수님께서 기적을 베푸시는 분인 줄 알고 그를 따른 것이나, 예수님의 수제자인 시몬 베드로는 자신이 직접 예수님의 말씀과 예수님의 인격과 예수님의 사랑을 맛보아 알았기 때문에 예수님을 따른 것이다. 이 두 무리의 확연한 차이는 여기에서 발생한다. 그러나 예수님께서 12제자들 가운데 한 사람으로 마귀를 택하신 것은 우리가 눈여겨 볼만한 대목이 아닐 수가 없다.

예수님의 일하심은 우리의 온갖 죄에 대하여 다루심이다. 그래서 유다 이스카리옷이라는 마귀를 제자 중 하나로 두셨는데 그는 돈궤를 맡은 자였다.

"인자가 죄인들의 손에 넘겨져야 하겠고, 십자가에 못박혀야 하며 셋째 날에 다시 살아나야만 하리라."
(누가복음 24장 7절)

선임 제사장들과 서기관들이 바로 예수님을 넘겨준 죄인들이고 유다도 예수님을 넘겨준 죄인들 중 한 명이었다.

그렇다. 예수님은 말씀대로 죄인들의 손에 의해 넘겨지셨고, 십자가에 못박히셨으며 셋째 날에 죽음을 이기고 다시 살아나셨다.

이 복음의 내용은 예수님께서 금식하시고 시험을 받으시고 다시 하나님 아버지의 일을 행하시고 그분의 뜻대로 죽으시고 부활하신 사건에서 모두 나타난다.

여기에 죄인들이 등장하고 그들은 자신의 배와 명예만을 위하여 하나님을 섬기던 자들이었기 때문에 마귀로 묘사되고 있다.

마귀는 타락하여 자신이 세상의 신이 되었다. 자신도 저주를 받아 아름다운 천사의 영광스러운 몸에서 육을 입은 초라한 형상으로 전락하고 만 자이다.

그가 인간을 볼모로 잡아 심판의 날에 하나님의 그 진노를 함께 받아서 자신과 같이 육의 몸을 입고 저주 받은 채 영원히 함께 살자고 우리를 꼬드기고 있는 것이다.

마귀는 오직 도둑질하고 죽이며 멸망시키는 존재이나, 예수님은 생명을 얻게 하기 위해 우리에게 오신 분이시다.

"도둑은 오직 도둑질하고 죽이며 멸망시키려고 오지만, 내가 온 것은 양들로 생명을 얻고 더 풍성히 얻게 하려 함이라." (요한복음 10장 10절)

"죄를 짓는 자는 마귀에게 속하나니 이는 마귀가 처음부터 죄를 짓기 때문이라. 이 목적으로 하나님의 아들이 나타나셨으니, 곧 마귀의 일들을 멸하시려는 것이라."

(요한일서 3장 8절)

예수님께서 우리의 죄를 대신 지시고 십자가에서 어린양으로 제물로 바쳐지셨지만 아직 우리에게는 남은 고난이 있다.

별의 영광(고난)이 따로 있고, 달의 영광이 있으며, 해의 영광이 있다고 했으니 우리는 자신에게 주어진 빛을 발하며 빛을 싫어하는 이 세상에서 주님이 주신 우리에게 맡겨진 남은 고난을 감당해야 하는 것이다.

예수님께서 가르쳐주신 팔복 가운데에는 핍박을 받는 자에게 주어지는 복이 있다. 핍박을 받지 않는 자는 어찌 보면 예수님의 제자가 아닐 수도 있다.

마귀가 지금까지 택한 자를 꾀는 방법이 있다. 그것이 무엇인지 아는가….

그것은 바로 번영의 혜택을 누리게 하는 것이다.

"하나님께서 축복하셔서서 우리에게 이렇게 행하셨습니다."

이것이 마귀가 속삭이는 가장 그럴싸한 유혹인데 우리는 그것을 어찌 캐치하지 못하는가….

지금 북한이 영적으로 흑암이요, 굶주림과 가난에 허덕이는 지구상에서 가장 불쌍한 나라로 당신 눈에 보이지는 않는가….

하나님의 시각은 그렇지 않다.

오히려 남한이 번영과 축복이라는 미명하에 신앙에서

멀어진 타락한 국가로 전락한 것은 아닌지….

　우리는 깨어 영적 눈을 가지고 성령의 음성에 귀를 기울여 우리에게 말씀하시는 주님의 음성에 반응하는 거룩한 무리들로 구별되어져 이 기울어져가는 배와 같은 세상에 손을 내밀어 그들이 빠져가는 모습을 구경할 것이 아니라, 저들을 향해 외쳐야 한다. "주님이 오십니다. 이 세상은 멸망하고 주님이 다스리시는 세상이 이제 다가옵니다. 깨어나십시오."

　그것이 우리를 향하신 하나님 아버지의 뜻이다.

　이제 우리는 분연히 일어나 허울만 좋은 개살구와 같은 세상의 썩을 양식을 구할 것이 아니라, 영원한 생명을 주시는 살아있는 양식이 되시는 주님을 먹고 마셔야 한다.

　그것이 우리를 향하신 창조주 하나님의 계획의 성취가 아니겠는가.

요한계시록 22장에 나오는 음식

"그 도성의 거리 한 가운데와 그 강의 양편에는 생명나무가 있어 열두 가지 과실을 맺으며 달마다 과실을 내더라. 그리고 그 나무의 잎사귀들은 민족들을 치유하기 위한 것이더라."(요한계시록 22장 2절)

"그의 계명들을 행하는 자들은 복이 있나니, 이는 그들이 생명나무에 대한 권리를 가지며 또 그 문들을 통하여 도성 안으로 들어가게 하려 함이니라."

(요한계시록 22장 14절)

이 세상에 2번의 세계대전이 있었다. 이제 세상은 흉흉하고 앞으로 제 3차 대전이 일어날 것이라는 예언의 목소리들이 많이 들려온다.

저자가 보기에도 세상은 이기주의의 극치로 치닫고 있고, 나라들은 자국 중심의 경제 체제 유지와 남의 땅을 먹으려 하기 위한 야심 때문에 이러한 예언은 조만간 적중될 것으로 보인다.

그 가운데 하나가 한반도 통일에 관한 국제 정세의 요동이다.

한반도는 자력으로 통일을 이룰 수 없는 구조에 놓여 있다. 그리고 한반도가 통일 되는 것을 바라는 나라는 이 세상에 한 군데도 없다. 오직 하나님 아버지의 간절한 바라심만이 있을 뿐이다.

오늘도 하나님은 자신의 자녀가 궁핍과 환난 가운데 놓여 기아선상에 허덕이는 모습을 보시기에 마음이 아프실 것이다.

그래서 하나님 아버지의 통일 성취는 가급적 빨리 이루어 질 것이다.

지금 북한에서는 나무 잎사귀를 뜯어 먹으며 생을 연명하고 있다. 우연의 일치일까….

생명나무의 잎사귀들은 민족들을 치유하기 위한 것이라고 계시록에서 말씀하고 있다.

민족들을 치유하시기 위한 방법으로 생명나무의 잎사귀를 기르시는 아버지께서 생명나무의 과실은 왜 자기의 자녀들에게 허락하시지 않겠는가!

계시록 22장 14절에서 하나님 아버지의 계명들을 행하는 자들은 복이 있다고 하였다. 그 이유는 그들이 생명나무에 대한 권리를 가지기 때문이다. 생명나무에 대한 권리라고 하면 열매를 먹는 것을 의미하기도 하지만 그 잎사귀를 따서 치유 받을 수 있는 권리도 포함하는 것일 것이다.

따라서 아버지의 계명들을 지키는 자들은, 치유함을 베풀기 위해 생명나무 잎사귀들을 가질 권리도 갖게 된다.

아!!

아버지의 말씀들을 지키는 것이 얼마나 아름답고 독특한 특권을 가져다주는 것인가!!!

하나님 아버지께서 창세기에서, 선과 악을 아는 지식의 나무를 먹었을 때 인류의 조상인 아담이 받을 벌에 관해 말씀하셨다면, 요한계시록 마지막 장에서는 생명나무 열매를 먹을 수 있는 방법에 대하여 자세히 알려주시고 여기에, 창세기에서 언급하신 에덴 동산에서 쫓겨난 인류가 어떻게 (에덴 동산이 아닌) 새 예루살렘 성으로 들어갈 수 있는지까지 더하여 알려주신다.

다시 말해 아담에게 벌에 관해 말씀하셨다면 하나님 아버지의 말씀을 지켜 행할 자신의 자녀들에게 축복으로 주실, 영원한 상급에 관하여 명확히 기록하여 두심으로 자신의 말씀을 지켜 행할 자들이 이 말씀을 약속으로 삼아 아버지께서 자녀들에게 주신 말씀을 꼭 행하여 지킬 수 있도록 소망과 확신을 불어넣어 주고 계신다.

오, 하나님 아버지의 신묘막측한 사랑과 말로 다할 수 없는 자비와 인애를 어찌 글이라고 표현할 수 있으리오….

이 세상에서 뿐 아니라 오는 세상에서도 해의 영광보다 일곱 배나 더한 빛으로 우리를 감싸 비추심으로 그분의 사랑을 우리에게 나타내주실 것이며, 에덴 동산에서 먹던 것보다 더 풍성한 과실을 주실 것을 약속하여 계시하심으로 우리를 향하신 하나님 아버지의 온유하심과 인자하심이 얼마나 크신지 미루어 짐작할 수 있다.

우리에게 향하신 여호와의 인자하심이 크고 크도다. 크시도다. 크고 크도다. 크시도다.

우리를 말없이 다함이 없는 사랑으로 감싸 안으시며 그 한이 없는 자비를 베푸시기에 인간의 생애는 너무도 짧아, 하나님 아버지는 영원한 세계를 베푸시고 그곳에 우리와 함께 거하시기 위해 우리에게 아버지의 말씀을 듣고 읽고 그 말씀을 지켜 행하라고 명령하시는 것이다.

"너희가 나의 말을 듣고 그 말을 잊어버리지 않고 맡겨진 생을 살다가 나의 곁으로 오기만 하면 내가 너희에게 이러이러한 것들을 주겠다. 이것은 나의 약속이다. 그대로 실현될 약속이다. 이 약속대로 너희는 영원히 살고 죽음은 다시 너희에게 있지 않을 것이다."

"예, 아버지여! 우리가 믿나이다. 주님의 말씀은 내 발에 등이요, 내 길에 빛이니이다. 제가 더 이상 속이는 자의 속임수에 넘어가지 않고 당신만을 영원히 따르며 당신의 자녀로 당신을 기뻐하는 삶을 살겠나이다. 아멘."

이것이 마지막 날에 드릴 아버지를 향한 우리의 사랑을 고백하는 메시지가 될 것이다.

맺으며

　MBTI 검사에서 유독 J의 성향인 사람들이 (많지는 않으나) 여러 가지 성향 중 큰 비중을 가지는 것을 보게 된다.

　사람은 대부분 자신이 만든 계획적인 삶을 살 수는 없게 되어 있다. 그래서 유독 J의 성형을 가진 사람들의 부류를 보면 그냥 평범하게 보이지 않는 것이 사실이다.

　하나님께서는 어떤 성향이실까 궁금하여 궁리를 좀 해 보았다.

　그 결론은 아래와 같다.

　하나님이시야말로 진정한 J의 성향을 가지고 계신 분이시다.

　J와 P는 상극인데 과연 P의 성향을 가진 대부분의 인간이 완전한 J이신 하나님 아버지의 온전한 뜻과 생각을 알아차릴 수 있을까…

그것의 답은 NO일 것이다. 그렇게 하나님처럼 온전하신 분의 계획을 알 수 없는 우리에게 부여하신 책이 바로 성경책이다.

"나 이대로 일을 진행시켜 나갈 거니까 너희들도 인지하고 지금이 어느 때인지 분별하면서 살아가도록 하렴. 알겠지…?"

하나님 아버지의 인류를 향한 배려는 온 하늘과 땅을 다 합한 것보다 더 크고 위대하시다.

과연 하나님만이 만물의 주재이시고 만물의 창조주가 되신다.

하나님 외에 다른 신은 없다. 다시 말해 하나님 아버지의 말씀만이 만물을 지배하고 만물을 다스리시는 유일한 지침이 된다.

하나님 아버지의 입에서 나오는 말씀이 진리요 완전한 계획이시기 때문이다.

인류를 통해 하나님은 영광을 받으시길 원하셨다. 그리고 인류에게 먹고 일하며 궁극적으로는 하나님을 찬양하라는 명령을 내리셨다.

우리는 음식을 먹음으로 힘을 얻는다. 그리고 그 얻어진 힘으로 하나님 아버지를 높여드린다. 이것이 바로 하나님께서 인간을 창조하신 유일한 목적이다.

"그러므로 너희가 먹든지 마시든지 무엇을 하든지 다 하나님의 영광을 위하여 하라."(고린도전서 10장 31절)

"썩을 음식을 위하여 일하지 말고 영생에 이르는 음식을 위하여 일하라. 인자가 너희에게 그것을 주리니, 이는 아버지 하나님께서 그를 인치셨기 때문이라."

(요한복음 6장 27절)

생명 예찬

선택

나는 오늘 무엇을 먹습니까
생명과 진리입니까 아니면 불의와 중독입니까
지금 내가 접하고 있는 언어들은
어디에 속하였습니까
썩어질 단어들을 말합니까
영원히 삶 속에 남겨질
아름다운 말들을 내뱉고 있습니까

당신의 말 한 마디가
내일의 당신의 모습을 결정하며

당신이 접하는 모양과 형상들이
미래에 있을 새 세계에서
당신과 함께 할 동반자가 됩니다
이것이 먹는 것의 의미입니다
당신이 보고 들은 대로 당신의 생각이 결정되며
당신이 삼킨 언어들이 당신의 인격을 만든다면

당신은 무엇을 보고 무엇을 들으며 무엇을 삼킬 것입니까….

이 생에서 당신은 위로 자라나든지
아래로 아래로 깊이 내려가든지 하는 것을
결정지을 수 있습니다

올라가는 것은 힘이 들고 어렵습니다
그러나 지금 당신이
올라가야 함을 결정하면
당신의 미래는 높은 곳으로 높은 곳으로
올라갈 것입니다

올라가세요
올라가세요

내려가는 것은 아주 쉽습니다
아무런 힘이 들지 않습니다
그리고

처음에는 짜릿한 느낌도 듭니다

그러나
아래로 아래로 내려가면 갈수록
당신은 외롭게 됩니다

점점 더 공포를 경험하게 됩니다
아래로 내려갈수록
브레이크는 말을 듣지 않고
가속도는 점점 붙을 것이며

마지막
그곳에 당신 혼자만이 존재한다는 것을
아는 순간 느끼게 될 그 엄청난 기괴스러움이란…

당신은 이제 위로 올라가야 합니다
그곳이 비록 눈에 보이지 않고
아무도 당신을 칭찬해주지 않는
영역일지라도,

이제 당신이 가야할 곳을 찾아
위를 바라보며 걸어가십시오

그러면
당신의 모습은 어느새 성큼
생명에 속한 모습과 형상으로
변하게 되었음을 알게 될 것입니다

당신의 선택이 너무나도 중요합니다
선택하고 그 선택을 귀히 여기며
앞을 향해 전진하십시오
오늘이라는 시간은 바로 당신의 선택을
위하여 주어진 것임을 상기하며!

집중

위험한 길이 있습니다.
당신이 가야할…
당신은 아무런 도구도 힘도 가지고
있지 않습니다.

당신에게는
그저 주어진 길대로 걸어가야 할
사명만이 주어져 있을 뿐

그래서
당신은 앞을 바라보며 걷습니다.

옆에서 시끄러운 소리가 들리고
요란스런 조명과 어지러운 향기가
퍼져나옵니다.
그리곤
당신을 향해 끊임없이 말하는 듯합니다.

"어때, 좋아보이지 않니…?"
"여기를 쳐다 봐. 그러면 너는 그것들을 가질 수 있어."

그러나
당신은 이 길을 가야만 합니다.
험하고도 외진 이 길을 끝까지
완주해내야만 합니다.

그러기 위해
당신이 해야 할 일은
단 한 가지.

길 위에 시선을 고정한 채,
눈과 귀와 코와 촉감으로 전해 오는
모든 유혹에서 벗어나
나를 인도해주는 가이드에게
온통 집중하는 것, 바로 그것입니다.
당신은 나아갑니다. 계속 당신의 감각에 의지하지 않고
당신이 나아가야 할 길의 끝을 바라보며

오늘도 한 발을 내딛습니다.
이것이 당신이 살아가야 할
삶의 방식이며 태도입니다.

항상 기쁘게, 쉬지 않고 의지하며,
범사에 감사하며 앞을 향해
나아가기.

망각

당신은 언제 어린아이의 일을 버렸나요.
당신이 어른이 된 즈음 아닌가요.
당신은 앞을 바라보다가 뒤를 돌아보지는
않았나요.

그래요.
당신의 삶은 앞을 보며 나아갈 때
의미가 있어요.
당신은
뒤를 돌아보는 실수는 하지
않아야 해요.

앞만 보며 달려가면 우리는
뒤의 일을 잊어버려요.
그리고 당신
앞에 펼쳐질 새로운 미래를 바라보며
뒤의 일을 잊을 수 있죠.

서서히 지나온 일이 잊혀져감을 느껴요.
그리고 그속에서 달라져 있을 나의
모습을 마주하게 되지요.

그 찰나,
당신의 영혼은 진정한 당신의 모습과
마주하게 되지요.

나를 잊고 살다가 비로소 나를 발견하게
되는 짜릿한 기쁨.
이것이 우리가 나눌 (미래에 있을)
생명의 삶이랍니다.

오늘을 살다보면
과거는 망각되고
미래는 더욱 선명해지는 그런 세계가
금세 펼쳐질 거에요.

실현

"보라, 내가 새 일을 행하리니 이제 나타나리라. 너희가 그 일을 알지 못하겠느냐? 내가 정녕 광야에 길을, 사막에 강들을 내리라." (이사야 43장 19절)

"보라, 내가 새 하늘들과 새 땅을 창조하리니 이전 것이 기억되거나 생각나지 아니할 것이라."
(이사야 65장 17절)

"소망이 늦춰지면 마음을 상하게 하거니와, 소망이 이루어지면 그것은 생명의 나무니라." (잠언 13장 12절)

"생명의 길은 현명한 자의 위에 있으니, 그는 아래 있는 지옥으로부터 벗어나리라." (잠언 15장 24절)

03

거기에 살다 住

여는 글

좋아하는 것과 사랑하는 것에는 차이가 있다.

누군가를, 무언가를 단지 좋아하면 그냥 아무 사이도 아니다.

좋아하는 그 물건은 나에게 별 의미가 없는 것이란 뜻이다.

그러나 누군가를 사랑하고 무언가를 사랑하게 되면 그땐 그 사람이, 혹은 그것이 없이는 단 1초도 살아갈 수 없는 상태가 된다.

마음속에 그 사람이 들어와 있는지 아님 나랑 별개로 존재하고 있는지의 차이….

그러나 그 차이는 실로 대단한 것이다.

나와 하나가 된 사람, 그리고 그 무엇.

이제 그 둘은 떼려야 뗄 수가 없는 귀한 사이가 되었음이 분명하다.

하나님께서 첫 번째 만드신 이 세상은 하나님께서 보시기에 그냥 좋은 세상이었다.

어차피 따로따로 거하고 있는 존재라서 그럴까? 없어도

그다지 못살 정도로 보고 싶은 존재는 아니었다는 것이다.

보면 좋다는 느낌 정도랄까….

그러다가 둘 사이가 갈라졌고 그 또한 별로 서로에게 불편한 관계는 아닌 줄 알았는데 그렇지가 않았다.

왜냐고? 한 쪽의 일방적인 사랑이 시작되고 말았기 때문이다.

없어도 잘 살 줄 알았고 서로에게 별 의미가 없는 줄로 여겼는데 그게 아니었다.

단 한 순간도 서로가 없이는 못 사는 관계, 그러한 관계가 성립되기 시작하였다.

하나님과 인간 사이에 말이다.

단지 좋아하는 사이인 줄 알았던 둘 사이의 관계는 이미 없어서는 안 되는 소중한 존재를 의미하는 사이로 발전해가고 있었던 것이다.

1

그곳에 살았다

그냥 그곳에 존재했다. 어떤 의미도 아직 부여되지 않은 불편한 관계, 전혀 수평적이지도 그렇다고 아주 멀지도 않은 아주 친한 주인과 집사와 같은 그런 사이 말이다.

그래서 그냥 받아들이며 살아갔다.

하루하루 충실히 맡겨진 일에 자신의 소임을 다하며 자신의 본분을 최선을 다해 지키며 인간은 자신에게 주어진 삶을 살아갔다.

이렇게 계속 살아갈 수도 있었다.

나라는 존재의 의미는 그렇게 커다란 것이 아니었고 오직 그분만이 크신 분이셨다.

그렇게 받아들이고 그렇게 잘 살아가고 있었다.

주어진 양식에 감사하는 마음으로 그다지 어렵지 않게 하루라는 시간을 살아갔다.

그리고 얼마쯤이나 지났을까….

자신이라는 존재에 눈이 떠진 것은 우연일까 아님 필연이었을까….

어떤 것이 정답인지는 정확하게 알 수 없지만 어쨌든 인간은 자신이라는 커다란 존재에 눈뜨게 되었고 그때부터는 지금까지 누려왔던 편안한 삶을 허락받지 못한 채 자신의 인생이라는 정답이 없는 삶을 살아가야하는 그런 존재가 되고 말았다.

이제 인간은 홀로서기를 시작한다. 그리하여 역사라는 이름의 시간 속에 노동이라는 큰 짐을 짊어지고 지구라는 이 지옥과도 같은 공간을 무작정 헤쳐나가야 하는 운명에 처해지고 만다.

2

방랑하다

우리는 서로 답답함을 경험한다. 나는 너라는 존재의 어떤 것 하나도 알 수가 없고 너 또한 나의 일부분조차 공유할 수 없는 참담한 처지에 놓인 채 살아간다.

서로가 서로에게 겉돌고 있음을 느낀다.

아무리 이해하려고 해도 서로의 깊은 곳을 모르기 때문에 오는 공포감과 외로움은 이미 인간의 뇌리에 각인된 채 지금까지 유전되어 내려오고 있는 중이다.

'열 길 물속은 알아도 한 길 사람속은 모른다.'는 유명한 속담은 인간이 어떤 존재인지를 잘 대변해 주는 지혜의 말인 것 같다는 생각이다.

그리고 '나도 나를 모른다.'라는 말도 지혜의 표현인 것

같다.

마치 누군가가 나의 마음에 어떤 마음을 집어넣어주는 것과 같이 내가 나의 마음을 알 수가 없다는 뜻인데 그렇다면 진짜 내 마음에 누군가가 어떤 감정이나 생각을 집어넣어주는 것은 아닐까….

가룟 사람 유다에 관해 누구나 들어보아 그를 모르는 사람은 아마 없을 것이다.

그가 예수 그리스도를 종교 지도자들에게 넘겨주었는데 그렇다면 그는 그 계획을 미리 자신이 생각했을까….

성경은 이렇게 말한다.

"그때 사탄이 열둘 가운데 하나인 이스카리옷이라고 하는 유다에게 들어가니라." (누가복음 22장 3절)

사람의 생각이라는 것은 뇌의 작용인데 우리의 뇌는 외부에서 어떤 자극이나 영감을 받으면 그것이 전기신호로 바뀌게 되고 그것이 뉴런과 뉴런 사이를 타고 흐르면서 작

동한다.

그러니까 사탄이 유다의 머릿속에 들어가서 그의 생각을 지배하고 그가 예수님을 팔 생각을 갖도록 역사했다는 것을 알 수 있다.

사탄이 유다에게 생각이라는 것을 넣어준 것이다.

그렇게 예수님을 팔아야겠다는 생각을 영감으로 받아 그대로 실행에 옮긴 것일 뿐이었지만 유다는 나중에 자신이 한 행동을 후회하며 몸을 던져 자신의 목숨을 끊는 행동을 하고 만다.

유다는 유다 자신의 생각으로 그런 배신의 행동을 한 것이 아님을 알 수 있다.

여기서 우리가 잊지 말아야 할 것이 하나 있다.

그것은 바벨탑을 쌓은 사건일 것이다.

인류가 서로의 공통의 목표를 가지고 다시는 하나님께 멸망 받지 않는 세상을 꿈꾸려 했던 그 사건, 이 일로 인해 하나님은 분노하시고 인류의 모든 언어를 다르게 하사 그들의 하나 되려 함을 이루지 못하게 흩으신다.

우리가 서로 다른 생각을 하게 되어야 다시는 하나님을

대적하여 높아지려는 시도를 할 수 없기 때문이다.

그 답답함, 서로가 서로에게서 분리가 되는 아픔을 하나님께서 죄의 댓가로 우리에게 심어놓으신 것이다.

그렇다. 우리의 하나 됨은 예수 그리스도의 죽으심과 부활하심 안에서만 가능하다.

"주 하나님께서 말씀하시기를 "보라, 그 사람이 우리 중 하나와 같이 되어 선과 악을 알게 되니, 이제 혹 그가 자기 손을 내밀어서 생명나무의 과실도 따서 먹고 영원히 살까 함이라." 하시니라." (창세기 3장 22절)

하나님의 생각은 적중하였고 인간은 그분의 추측대로 서로의 욕망을 채우는 방식으로 하나가 되어 죽지 않는 세계를 만드는 일에 올인하게 되었다.

인간의 더러움은 예수님께서 십자가에 못 박혀 죽으심을 담당하셔야만 없어질 만한 실로 놀라운 것이었다.

하나님의 생각은 인간을 초월하여 지혜롭고 높으시다.

"이는 하나님의 어리석음이 사람들보다 더 지혜롭고 하나님의 연약함이 사람들보다 더 강하기 때문이니라."

(고린도전서 1장 25절)

그러면 하나님께서 인간을 에덴 동산에서 내쫓으신 이유는 뭘까?

그 이유를 알면 그곳에 다시 들어가는 방법을 준비할 수 있고 하나님의 용서하심을 받아 그곳에 들어가는 영예로움을 누릴 텐데, 인간은 그렇지 못했다.

그리하여 홍수로 땅을 새롭게 하시고 언약의 성취라는 새로운 방법을 통해 자신의 언약 백성을 만들어나가신다.

이것이 성경의 역사이며 내용이다.

우리가 이 땅에서 다시금 약속의 땅을 향해 나아가는 방법과 과정을 우리에게 약속하신 책, 그것이 성경이며 우리의 유일한 약속의 땅으로의 안내서이다.

그 책은 하나님께서 허락하신 그 무엇보다도 존귀한 서약서이며 인간을 향하신 그분의 사랑 노래이다.

아, 주님의 사랑은 책에 기록되기에 너무도 크시다. 단지 우리의 안력이 낮아 그 사랑을 알아보지 못할 뿐이지 그분의 능력과 자비는 우리의 상상을 초월하여 월등하시다. 뿐더러 그분을 사랑하는 자에게 그분의 어떠하심과 그분의 사랑을 맛보게 하시면 변하여 새사람이 되는 것은 시간의 문제일 뿐 거기에 해당되지 않는 사람은 어느 누구도 있을 수가 없다.

이 세상의 땅 끝에 서서 이제 더는 아무것도 잡을 것이 없어 하늘을 바라보며 그분을 구하는 그 사람에게 허용하시는 하나님 자신의 계시는 경험해 본 사람만이 느낄 수 있는 엄청난 신세계이다. 또한 그분이 누구신지 알게 되었을 때 인간은 비로소 자신이 누구이며 자신이 어떤 가운데 처해있는지에 대해 눈과 귀가 모두 열리게 된다. 그리고 그제서야 인간은 자신이 나아갈 곳이 어디인지 분명 깨달아 알 수 있게 되는 것이다.

이제 그는 그곳을 동경하며 그곳을 향해 나아가게 된다. 마치 모든 물살을 거슬러 자신이 태어난 곳을 향해 거침없이 나아가는 연어처럼….

3

돌아서다

이 신비의 기적을 맛본 사람은 누구나 그분 앞에 무릎을 꿇고 읊조리게 된다. "나는 죄인입니다. 당신의 품을 떠나 악한 자에게 가서 속고 도둑질당하여 거반 죽게 된 어리석은 자입니다. 나를 받아주소서. 당신께로 돌아갑니다. 주님, 나의 주님이시여…" 이것이 그의 방랑의 끝을 알리는 소리이다.

"하나님께서 세상의 천한 것들과 멸시받는 것들을 선택하신 것은 없는 것들로 있는 것들을 쓸모없게 만들려 하심이라. 그리하여 아무 육체라도 그분의 면전에서 자랑하지 못하게 되리라." (고린도전서 1장 28절~29절)

"그러나 너희는 그분께로부터 나서 그리스도 예수 안에 있고 주께서는 하나님께로부터 나셔서 우리에게 지혜와 의와 거룩함과 구속이 되셨으니 기록된 바와 같이 자랑하는 자는 주를 자랑할지니라."(고린도전서 1장 30절~31절)

우리를 택하여 불러내신 까닭은 세상에서 강하고 지혜 있다고 생각하며 사는 자들을 부끄럽게 하시고 십가가의 구원의 능력이 하나님께만 있음을 전파하게 하려 하심이다.

"기록되기를 "내가 지혜 있는 자들의 지혜를 멸하고 총명한 자들의 명철을 없애리라." 하였느니라."
(고린도전서 1장 19절)

이제 택하심을 받은 자들의 할 일은 정해졌다.
그분이 이루어놓으시고 그분께서 전파하라고 하신 십자가와 부활의 소식을 땅끝까지 전하며 그분의 나라와 그분의 의에 대하여 가르치며 소망하게 하고, 그것을 위해 남은 생을 바치다가 그분께로 가는 것, 이것이 주께로 돌아선 자들에게 주시는 주님의 지상명령이다.

오늘도 또 하루가 우리에게 주어졌다. 그리고 우리의 소망은 그분의 나라에 한 발짝 더 다가서 있음을 잊지 말자.

4

그곳을 바라보며 살다

구약의 역사는 땅을 차지하기 위해 벌이는 전쟁의 내용으로 가득 채워져 있다.

그중 다윗이라는 이스라엘의 위대한 왕의 이야기는 성경 거의 모든 부분에 걸쳐 파급효과를 미치며 그 위용을 과시한다.

다윗은 사울 왕의 다음에 등장하며 그의 재위 기간은 40년이다.

다윗은 헤브론이라는 곳에서 유다를 다스리는 왕으로 기름 부음을 받았다.

"전열을 가다듬을 수 있는 이 모든 전사들이 온전한 마음을 가지고 헤브론에 와서, 다윗을 온 이스라엘을 치리할 왕으로 삼으려 하고, 이스라엘의 모든 남은 자들도 한마음으로 다윗을 왕으로 삼고자 하더라." (역대기상 12장 38절)

"그리하여 이스라엘의 모든 장로들이 헤브론으로 와서 왕에게 이르니, 헤브론에서 다윗 왕이 주 앞에서 그들과 함께 동맹을 맺고 그들이 다윗에게 기름을 부어 이스라엘을 다스릴 왕으로 삼더라." (사무엘하 5장 3절)

헤브론에는 막벨라라는 족장들의 무덤이 있는데 이곳은 아브라함 가족의 무덤으로 아브라함이 아내 사라의 매장을 위해 헷 족속 에브론으로부터 400세켈을 주고 매입한 동굴이다.

지금은 팔레스타인 정부가 통치하는 서쪽 구역과 이스라엘이 관리하는 동쪽 구역으로 나뉘어져 있으며 막벨라 동굴은 동쪽 구역에 위치하여 있다.

이스라엘 왕국은 이곳 헤브론에서 견고해졌고 헤브론에서 다윗에게 아들들이 태어났다.

여호수아 시대에는 헤브론을 그 주변 지역들과 함께 살인자를 위한 도피 성읍으로 삼기도 하였다.

그리고 다윗은 예루살렘, 곧 여부스로 옮겨가는데 그곳에는 그 땅의 거민들인 여부스인들이 살고 있었다.

"주가 말하노라. 그날들과 그때에 이스라엘 자손과 길가며 우는 유다 자손이 함께 돌아오며 그들이 가서 주 그들의 하나님을 찾으리라. 그들이 그들의 얼굴을 시온으로 향하여 그쪽으로 그 길을 물어 말하기를 "오라, 결코 잊혀지지 않을 영속하는 언약으로 우리 자신을 주께 연합하자." 하리라." (예레미야 50장 4절~5절)

다윗이 헤브론을 떠나 예루살렘으로 옮겨 삼십삼 년간 유다를 다스리는 왕으로 재위하였다. 다윗은 예루살렘에 성을 짓고 그곳을 다윗 성읍이라 명명한다.

"여부스의 거민들이 다윗에게 말하기를 "당신이 여기로 오지 못하리라." 하였으나 다윗이 시온 성곽을 빼앗았으니

그것이 다윗 성읍이라." (역대기상 11장 5절)

주께로 돌아온 자들은 그 얼굴을 시온으로 향한다. 그리고 주님께 연합하여 하나가 된다.

"시온에서 슬퍼하는 자들을 정하여 그들에게 재 대신 아름다움을, 슬픔 대신 기쁨의 기름을, 무거운 영 대신 찬양의 의복을 주어 그들로 주의 심으신 의의 나무들이라 불리게 하여 주께서 영광을 받으시려는 것이라." (이사야 61장 3절)

"시온에 관하여는 말하기를 "이 사람과 저 사람이 그녀 안에서 태어났으며 가장 높으신 분께서 친히 그녀를 세우시리라." 하리로다." (시편 87장 5절)

"오 타락한 자식들아, 돌이키라. 주가 말하노라. 이는 내가 너희에게 장가들었음이라. 내가 너희에게서 성읍 중 하나와 족속 중 둘을 취하여 너희를 시온으로 데려오리라."
(예레미야 3장 14절)

"내가 나의 거룩한 산 시온 위에 내 왕을 세웠도다."
(시편 2장 6절)

"북편에 있는 위대한 왕의 도성 시온 산은 그 자리잡은 곳이 아름다우며 온 땅의 기쁨이니"(시편 48장 2절)

시온은 북쪽에 자리잡고 있는 예루살렘에 있는 산의 이름이다.

하나님께서 좌정하셔서 통치하시고 치리하시는 장소이기도 하다.

"만군의 주께서 시온 산과 예루살렘에서 그리고 그의 장로들 앞에서 영광스럽게 통치하실 때 그때에 달이 치욕을 당하고, 태양도 부끄러워하리라."(이사야 24장 23절)

"그러므로 주가 그의 모든 일을 시온 산과 예루살렘에서 행할 때에 내가 앗시리아 왕의 완악한 마음의 열매와 그의 높은 눈의 영광을 벌하리라."(이사야 10장 12절)

"또 내가 저는 민족으로 남은 자가 되게 하며 쫓겨났던 민족으로 강한 민족이 되게 할 것이요, 주가 이제부터 영원 무궁토록 시온 산에서 그들을 치리하리라." (미카 4장 7절)

"구원자들이 시온 산에서 올라와 에서의 산을 심판할 것이요, 그 왕국은 주의 것이 되리로다." (오바댜 1장 21절)

우리의 갈 곳은 정해졌다. 시온으로 돌아가자.

"주의 속량받은 자들이 돌아오리니, 그들의 머리 위에 노래와 영원한 기쁨을 가지고 시온으로 오리라. 그들이 기쁨과 즐거움을 얻으리니 슬픔과 탄식은 달아나리라."

(이사야 35장 10절)

"내가 나의 의를 가까이 가져오나니 그리 멀리 있지 않을 것이라. 내 구원이 지체하지 아니할 것이며, 내가 나의 영광 이스라엘을 위하여 시온에 구원을 두리라."

(이사야 46장 13절)

"주가 시온을 위로할 것이요, 그가 그녀의 모든 황폐한 곳들을 위로할 것이며, 그녀의 광야를 에덴같이, 그녀의 사막을 주의 동산같이 만들리니 기쁨과 즐거움이, 감사와 노래 소리가 그 안에 있으리라."(이사야 51장 3절)

"헤르몬의 이슬 같으며 시온의 산들 위에 내리는 이슬 같도다. 거기에서 주께서 복을 명하셨으니, 곧 영원무궁한 생명이로다."(시편 133장 3절)

"완전한 아름다움인 시온에서 하나님께서 빛을 발하셨도다."(시편 50장 2절)

"북편에 있는 위대한 왕의 도성 시온 산은 그 자리잡은 곳이 아름다우며 온 땅의 기쁨이니"(시편 48장 2절)

""내가 나의 거룩한 산 시온 위에 내 왕을 세웠도다." 하시리라."(시편 2장 6절)

"나 요한은 거룩한 도성 새 예루살렘이 하나님께로부터

하늘에서 내려오는 것을 보았는데 마치 신부가 자기 남편을 위하여 단장한 것같이 예비되었더라." (요한계시록 21장 2절)

하나님께서 다윗이 시온 성읍에서 왕으로 즉위한 것처럼 예수 그리스도를 시온 산에 왕으로 세우실 것이다. 또한 거룩한 성 예루살렘을 새롭게 단장하사 왕의 신부로 시온 산으로 데리고 오신다고 약속하사 기록하게 하셨다.

그리하여 시온에 예수 그리스도의 의가 넘치고 하나님 아버지의 공의가 넘쳐나게 될 것이다.

"주는 존귀하시니 이는 그가 높은 데 거하심이요 공의와 의로 시온을 채우셨음이라." (이사야 33장 5절)

하나님의 나라는 예수님의 기도 속에 등장하며 아버지의 뜻이 이루어지는 나라로 거론되고 있다.

그곳은 악이라곤 찾아볼 수 없고 하나님의 속성인 의와 공의만이 넘쳐 즐거움과 기쁨이 가득한 세상이 될 것이다.

"그분께서 우리를 흑암의 권세로부터 구하여 내셔서 그

분의 사랑하는 아들의 나라로 옮겨 주셨으니"

　(골로새서 1장 13절)

　"하나님의 나라는 먹고 마시는 것이 아니라 다만 성령 안에서 의와 화평과 기쁨이라."(로마서 14장 17절)

　"진실로 내가 너희에게 말하노니, 누구든지 하나님의 나라를 어린 아이처럼 영접하지 않는 자는 결코 그곳에 들어가지 못하리라."(누가복음 18장 17절)

　"제자들의 혼을 강건케 해주고 그들이 믿음 안에 거하도록 권고하며 또 우리가 많은 환난을 거쳐서 하나님의 나라에 들어가야 한다고 말하니라."(사도행전 14장 22절)

　"너희 가난한 자들은 복이 있나니, 하나님의 나라가 너희의 것임이요."(누가복음 6장 20절)

　"오히려 너희는 먼저 하나님의 나라와 그분의 의를 구하라. 그리하면 이 모든 것을 너희에게 더해 주시리라."

(마태복음 6장 33절)

우리의 거할 곳은 그분의 나라, 곧 아버지와 아들의 나라이다.

성령을 받고 거듭난 사람만이 그곳을 볼 수 있고 그들만이 그곳으로 초대받아 그분과 영원히 거할 수 있는 나라…

그곳으로 가기 위해 우리는 이곳에서 바보같다는 소리, 어리석다는 소리도 들을 수 있다. 그러나 오직 예수 그리스도께서 걸어가신 섬김의 길, 순종의 길을 마다하지 않고 걸어가야 한다.

세상에서 들려오는 그런 음성에 귀 기울이지 말고 오직 주님의 음성을 들으며 소망 가운데 넉넉히 이기면서 나아가자. 그러면 그 길의 끝에 계실 우리 주님을 반갑게 맞이할 날이 반드시 올 것이다.

이제 머지않아 곧….

맺으며

천상병 시인은 자신의 시집을 이름하여 소풍이라고 명명하였다. 그의 마음에는 가야 할 고향이 가득했던 것 같다.

지금을 즐기는 것이 아니라 앞으로 가야 할 그곳을 동경하며 한 평생을 불태우다 떠난 시인, 어쩌면 그의 메시지는 이 땅에 잠시 와서 놀다가 집으로 돌아가야 하는 인간의 운명을 시라는 형식으로 우리에게 주시는 아버지의 일침이 아니겠는가….

아버지의 마음은 분명 우리에게 이 땅이 어떤 곳인지 알려주시는 것이었을 것이다. 그래서 이런저런 말과 사건을 통해 우리의 본분이 지금 여기에서 누리는 임시적인 것이 아님을 말해주셨기에 우리는 그분의 마음을 알 수가 있다.

아버지의 사랑은 세상 어디에도 스며있다.

그분의 간절함이 우리에게 도달해 오면 그때 비로소 우리의 눈과 귀는 열리고 그분이 구상하고 계신 그 세계를 동경하며 날마다 소망과 인내 가운데 남은 삶을 기쁘게 살아갈 수 있을 것이라 믿어 의심치 않는다.

그분은 지금도 일하고 계신다. 우리 마음의 문을 노크하시는 주님의 손길과 그분의 음성에 좀 더 집중해 보자. 그렇게 오늘 하루를 또 살아내자. 감사함으로!!